中国历史军事
简明知识
全景展现历代军事
完整收录著名的经典战役

刘 恒 编著

北京联合出版公司
Beijing United Publishing Co.,Ltd.

图书在版编目（CIP）数据

中国历史军事简明知识 ／ 刘恒编著. －－ 北京：北京联合出版公司，2015.1（2022.1重印）
ISBN 978－7－5502－4266－1

Ⅰ．①中… Ⅱ．①刘… Ⅲ．①军事史－中国－通俗读物 Ⅳ．①E29－49

中国版本图书馆CIP数据核字(2014)第284501号

中国历史军事简明知识

编　　著：刘　恒
选题策划：大地书苑
责任编辑：孙志文
封面设计：尚世视觉

北京联合出版公司出版
（北京市西城区德外大街83号楼9层　　100088）
北京一鑫印务有限责任公司印刷　新华书店经销
字数126千字　710毫米×1000毫米　1/16　10印张
2019 年 4 月第 1 版　2022年1月第 3 次印刷
ISBN 978－7－5502－4266－1
定价：49.80 元

出版说明

P u b l i c a t i o n   D i r e c t i o n s

　　本书遴选大量精美图片，以具象的手法，直观地展示人、事、物；每幅图片都配以准确丰富的图注，不仅深入开掘了图片内涵，而且对相关知识做了补充与拓展。让读者在接受完整全面信息的同时，获得更加鲜明而深刻的印象。

　　本书设计与制作注重艺术理念。图文互济互补、相辅相成的编排方式，简洁大方的版式，把多种视觉要素完美结合，这样，不仅彰显了该书浓厚的人文色彩，也给了读者更多的想象空间、审美享受和愉快体验。可以让读者随时随地从每页读起，读每页都会带给读者不同的感受和收获。

　　信息量丰富的多彩版面、简洁明了的体例，在突出工具书基本功能的同时，增添阅读功能与审美功能，进一步提升了本套图书的实用价值、欣赏价值和收藏价值。

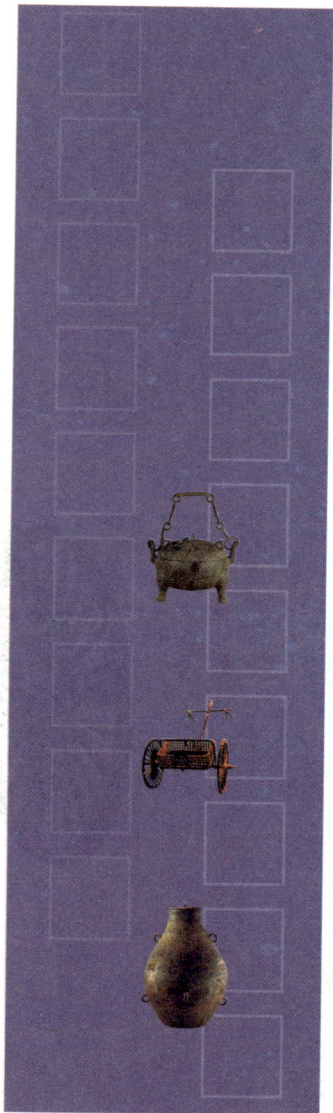

目 录

先秦军事

秦汉军事

魏晋南北朝军事

隋唐五代军事

宋元军事

明清军事

先秦军事

先秦是指原始社会到战国时期这段历史。

原始社会的战争主要是部族集团之间的大规模武装冲突和部落征服战争，原始军事是中国军事历史的开始阶段。进入阶级社会后，先是经历了夏、商、周三代的统一局面。期间，青铜兵器的出现使人们从新旧石器中摆脱出来，堪称兵器史上的历史性进步。

至春秋战国，礼崩乐溃，周王室的衰微导致了诸侯割据局面的出现。直到公元前221年，秦并六国，中国才又重新实现统一。

在此起彼伏的兼并战争中，先秦的军事理论得以初步发展，其标志是出现了两部兵学巨著《孙子兵法》和《孙膑兵法》。这两部兵书对当时的战争经验作出了开创性的总结，并加以升华概括，至今仍为人们制订军事策略所借鉴参考。

阪泉之战

时　　间：距今约4600年前
地　　点：阪泉（今河北涿鹿东南）
交战双方：黄帝部落；炎帝部落
双方将帅：黄帝；炎帝
结　　果：黄帝获胜

　　阪泉之战是中华文明有史以来记载的最早的一次战争，是黄帝在征服中原各个部落的战争中与炎帝部落在阪泉地区进行的一场大战。

　　炎帝和黄帝据传都是少典氏的后裔，当时神农氏统治着各部落，神农氏日渐衰微后，出现了以黄帝和炎帝为首的两大部落联盟。黄帝部落不断进攻周围的部落，很多小的部落纷纷归附，黄帝部落的势力不断壮大。炎帝部落沿黄河向东发展进入中原，成为黄河中游地

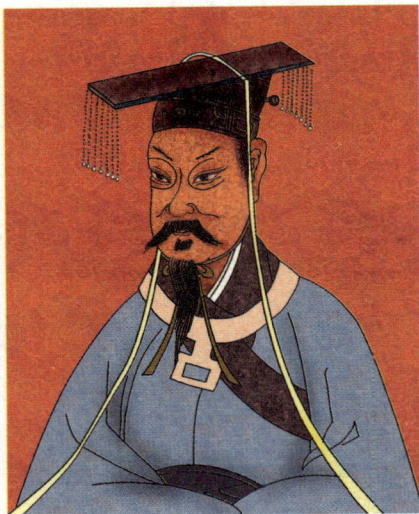

黄帝像

区最强大的部落联盟，势力不断扩大。两个部落联盟终于在阪泉爆发了冲突。阪泉在今河北省涿鹿县东南，地势险要。黄帝部族与炎帝部族各自占据有利地形，黄帝统领熊、罴、貔、貅、貙、虎为图腾的部落，与炎帝进行决战。经过三次激烈的战斗，最终战胜了炎帝，炎帝的部落并入黄帝的部落，组成华夏族（部落），黄帝成为中原地区部落联盟的首领。

炎帝像

涿鹿之战

时　　间：距今约4600年前
地　　点：涿鹿（今河北涿鹿县）
交战双方：黄帝部落；蚩尤部落
双方将帅：黄帝；蚩尤
结　　果：黄帝获胜、蚩尤被杀

　　黄帝战胜炎帝后，沿着黄河向今华北大平原西部地带发展，东迁至河北平原西部。而兴起于今冀鲁豫交界地区的九黎族，在首领蚩尤的率领下则由东向西发展。两大部落为争夺适于牧猎和浅耕的中原地带，展开了长期的战争。蚩尤九黎族联合巨人夸父部落把炎帝打败，并夺其居住之地。后又乘势北进涿鹿（今河北涿县），攻击黄帝部落。

　　传说蚩尤率领所属72氏族（或说81氏族），利用浓雾天气围困黄帝部落。黄帝率领以熊、罴、狼、豹等为图腾的氏族，屡战不胜。后得到玄女族帮助，吹号角，击夔鼓，乘蚩尤族迷惑、震慑之际，以指南车指引方向，冲破迷雾重围，终于一举击败敌人，并在中冀之野（今河北冀州）将蚩尤擒杀。此后，黄帝继续征战，征服了中原地区的其他部落，"凡五十二战而天下咸服"。黄帝成为中华民族的共同祖先。

涿鹿古战场遗址：今河北涿鹿矶山川。

黄帝战蚩尤图
蚩尤发动叛乱，不服从黄帝的命令。黄帝就向诸侯征调军队，与蚩尤在涿鹿之野进行决战，擒获并杀死了蚩尤。

尧舜禹伐三苗

时　　间：距今约4500年前
地　　点：湖北省江汉地区
交战双方：华夏部落；三苗部落
双方将帅：尧舜禹；三苗首领
结　　果：华夏部落获胜

尧舜禹伐三苗的战争发生在华夏部落已经强盛起来的尧舜禹时期。华夏部落黄帝的后代尧、舜、禹，经过长期争战，成为了北方部落联盟的首领。为掠夺财富和奴隶，与南方的三苗部落进行了长期战争。开始，尧在丹水（今陕、豫、鄂境之丹江）打败三苗，迫使三苗求和。

舜为伐三苗，一面积极发展生产，一面巩固部落联盟内部团结。经过三年准

帝舜像

备，舜亲征三苗，一直打到今洞庭湖一带，大败三苗。

但两大部落决定性的一仗是禹伐三苗。当时，三苗地区发生大地震，禹乘机发动大规模进攻。他在誓师动员时说："三苗不敬鬼神，滥用刑罚，违背天意作乱，上天现在号令我们要对它进行讨伐。"战斗十分激烈，不分胜负。突然，战场雷电交加，三苗领袖被乱箭射死，苗师大乱，溃不成军，禹趁机率军反攻，苗师大败。从此，三苗部落逐渐衰落下去。

大禹治水像

黄帝和炎帝

黄帝是传说中上古帝王轩辕氏的称号，姓公孙，生于轩辕之丘，故称为轩辕氏。后因建国于有熊（河南新郑），亦称为有熊氏。因有土德之瑞，故称为黄帝。黄帝于乱世起兵，以德号召天下，战败炎帝于阪泉，并其部落组成华夏族，后又在涿鹿战胜蚩尤，建都涿鹿。黄帝推算历法，教导百姓播种五谷，发明指南车、造舟车弓矢、兴文字、作干支、制乐器、创医学，深受历代人民敬仰。黄帝死后葬于桥山(今陕西省黄陵县)。

炎帝是神农氏的后裔，姓姜，传说是中国上古时代各部落的共主,生于湖北省九龙山南麓的烈山。炎帝在阪泉与黄帝大战三次，被击败，后又联合黄帝击杀蚩尤。相传炎帝教百姓耕种，使百姓丰衣足食，还曾亲尝百草，发明医药，被人们称为"神农氏"，最后因为尝草药太多中毒而亡。炎帝陵位于今湖南省境内。

炎帝和黄帝并称中华民族的始祖，因此中国人又常称"炎黄子孙"。

黄帝陵，今陕西黄陵桥山上。

神农氏像，汉画像石（拓片），山东武梁祠出土。

原始狩猎战术

肿骨鹿下颌骨化石
北京人遗址中出土的食草类动物中，肿骨鹿化石数量最多，不少肿骨鹿化石有火烧和人工破碎的痕迹。

石锤、石砧
石锤、石砧都是用天然砾石做成的，是制作其它石器的工具。制作石器时常把石砧垫在石料下面，用石锤敲击石料，所以二者的表面常会留下一些大小不等的坑疤。

在距今800万～1400万年前，出现了腊玛古猿。他们使用天然的木棒、石头，只能捕捉一些弱小的鼠类，但这标志着人类狩猎的开始。

在距今800万年左右，腊玛古猿进化成南方古猿。他们狩猎的方法主要是进攻战术，即追捕和击毙。在面对猛兽时，他们多采用群体防卫，彼此协作，用木棒、石头和动物的长骨来进行抵御。

在距今150万～300万年的时候，古猿进化为直立人。早期直立人开始制造工具。这时狩猎的进步主要表现为追捕规模的扩大。晚期直立人的狩猎战术主要是持续追赶和集体围攻，另外他们还学会了使用火来围攻猎物。

在大约20万～30万年前，直立人发展成为智人。早期智人合群协作，采用围赶、驱入栅栏或陷阱的方法捕猎。晚期智人由捕获单个大动物发展为猎取成群大动物。

在大约1万年前，智人发展为现代人。现代人设置猎场，开始进行大规模的围猎。

原始兵器

腊玛古猿的狩猎武器主要是天然的木棒、石头。到南方古猿时，又增加了动物的长骨。

在距今150万～300万年前，古猿进化成早期直立人。他们学会了用石头制造武器，比如砍砸器、刮削器等，另外还有原始手斧。晚期直立人仍然使用石器，但精致了很多。

在距今20万～30万年以前，直立人发展为早期智人。早期智人发明了专门用于狩猎的流星索——在皮带的两端系上石球，捕猎时用来缠住野兽的腿。另外还出现了把较大的石球系在木棍上制成的投掷槌和石矛及以鹿角为头的骨矛。晚期智人除继续使用石矛和骨矛外，还发明了骨刀、鱼叉和投矛器。

大约在距今1万年左右，智人进化为现代人。现代人用压制法制造石器，再装上木柄或骨柄，做成锋利的刀或矛。现代人还发明了弓箭和独木舟。

在距今5000年左右，我国的一些部落已经开始使用铜刀、铜锥和铜匕等，还有藤木和皮革制作的甲。

砍砸器
出现于旧石器时代早期，多用于砍树、做木棒、挖植物块根、砸坚果等工作。

甘之战

时　　间：约公元前21世纪
地　　点：甘（今陕西户县）
交战双方：夏部落联盟　有扈氏
双方将帅：启　有扈氏首领
结　　果：启获胜

尧、舜、禹都是经过四方部落联盟军事首脑会议民主选举而产生的首领，人们把这种推选制度叫作"禅让制"。然而禹死后，他的儿子启却杀死了禹生前推荐的部落联盟继承人益(也称伯益)，自己继任为部落联盟首领，建立了夏朝。

同为华夏族的有扈氏部落（渭河流域中下游）不服，起兵反抗。启决心剿灭有扈氏。他率领配有战车的王室卫队和诸侯军数千人组成的六军由阳城（今河南登封东）出发，西渡黄河，进攻有扈氏。

决战前，他召集了六军将士举行誓师大会："我现在向你们发布命令，有扈氏倒行逆施，违反天意，作恶多端，上天要我替天行道。"紧接着，启又宣布和强调了作战纪律，振奋了士气，战士们个个争先奋勇杀敌。夏军屡战屡胜，最后彻底击败了有扈氏，巩固了启的统治地位。

夏启像

小知识

兵器的起源

在中国古代神话中，炎帝神农氏是最早发明武器的人，神农氏用石头制造了武器。相传黄帝发明了玉制的武器。但一般所说的金属制武器，相传是由与黄帝同时的蚩尤最先制造的。蚩尤所制造的武器是用青铜制造的，最具代表性的有剑、戈、矛、戟，据说蚩尤还发明了铠甲和弩。

少康复国

时　　间：约公元前21世纪
地　　点：安邑（今山西省安邑县）
交战双方：少康军、寒浞军
双方将帅：少康、寒浞
结　　果：少康复国

启死后传位于其子太康。太康荒淫无道，终日田猎。有一次，太康去洛水以北打猎，东夷有穷氏的首领后羿，趁机率兵占领了夏的都城安邑，立太康的弟弟仲康为王，史称"太康失国"。仲康死，后羿赶走其子相，自立为王，也整日以打猎为乐。后羿的宠臣寒浞发动政变，杀死后羿而称王。

寒浞为了消除后患，派兵杀死了相。相的妻子缗逃

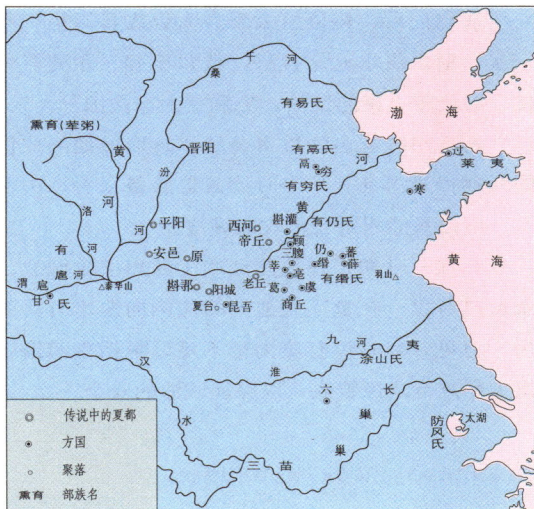

夏都邑图

到娘家有仍氏部落，生下了少康。少康长大后，母亲告诉他失国之痛。少康立志报仇雪恨，恢复夏朝。寒浞知道少康是相的儿子后，派人追杀。少康逃到有虞国，有虞国国君给了少康一块封地和500人的军队，从此少康发展生产，操练兵马，召集夏的旧臣，积极为复国做准备。实力具备后，少康召开誓师大会，历数后羿、寒浞篡国祸民的罪行，随后少康率军攻入夏的旧都，终于复国，史称"少康中兴"。

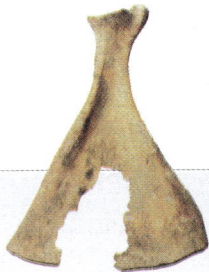

卜骨

卜骨是一种占卜用具。这片卜骨为一块羊肩胛骨，在羊骨被钻凿和烧灼后，其反面会出现一些裂纹，巫师便根据这些纹路来判断祸福。

奇袭和夜战

夏启死后，传位给太康。太康终日田猎，不恤民事，引起了夏民的不满。一次，他去洛水北岸打猎，数月不归。东夷有穷氏部落首领后羿乘机袭占了夏都，取代了太康的统治，史称"太康失国"。

这是当时有名的以奇袭战术攻取城池的战例，因为当时还没有文字，其它的战例很难考证。从当时的武器装备来看，由于还没有发明威力巨大的攻城器具，所以只能用奇袭来攻取城池。

在这一时期，夜战已经产生并用于攻城战，这从夏朝的城池防御的建设上就可以看出。在夏朝城池外的壕沟内壁建有兵营、储藏室，以供巡逻的士卒使用。可见，当时仅有壕沟是不足以阻挡夜间偷袭者攻城的，所以才会在夜间派出士卒进行巡逻警戒，以保证城池的安全。

云南沧源岩画中反映的部落武装徒步格斗的情形

战车出现

战车最早在启指挥的甘之战中使用。构成战车的主要材料是木，并涂有防潮防蛀的漆。战车结构大体分为车厢、车轮、底盘和马具四部分，驾两匹马或四匹马。车上有甲士三人。三人各有不同的分工：一人负责驾车称为"御者"；左侧的人负责远距离射击，称为"射"或"多射"；右侧的人负责近距离的短兵格斗，称为"戎右"。战车的主要武器有两类，远射兵器和格斗兵器。远射兵器主要是弓或弩，箭上装有青铜镞。格斗兵器主要是青铜戈和矛，以戈为主。战车上甲士的防护器具主要是皮制的甲胄和盾。

夏代战车
夏代战车一般驾四匹或两匹马，车上武士3人，左右2人负责搏杀，中间为驾战车的人。战车的出现使战争的胜负不再取决于步兵的徒步格斗，而决定于双方战车的战斗。

夏朝时期的战争多发生在黄河中下游地区，这里广阔平坦的大平原非常适合战车作战。战车在速度和冲击力上是原始步兵无法比拟的，原始的徒步格斗开始被车战所取代，战争的胜负主要取决于双方战车的战斗，战车逐渐成为军队的主力。

鸣条之战

时　　间：	公元前16世纪
地　　点：	鸣条(今河南封丘东，一说山西运城东北)
交战双方：	商、夏
双方将帅：	汤、桀
结　　果：	汤获胜

夏朝末年，夏王桀暴虐无道，民众怨声载道。商族在夏的东方崛起，商族首领汤对内任贤举能，对外联合其它部落，国力日盛，积极进行灭夏准备。

商汤先采取由近及远、各个击破的策略，攻灭了夏东部地区许多依附于夏的小国，随后商汤停止向夏纳贡。于是夏王桀率军至有仍氏居地（今山东济宁东南）会盟攻商，但无人响应，陷于孤立。汤乘机誓师伐夏，率战车70

商汤像

商汤（生卒年不详），姓子　原名履，又称武汤、成汤，商部落的杰出首领，在位13年，建立了中国历史上第二个奴隶制王朝——商朝，定都亳。他吸取夏桀亡国的教训，鼓励生产，减轻征赋，使商朝成为当时世界上强大的奴隶制王朝。

征射手甲骨文

商代征战的形式是每乘战车上有一名号箭手。征集三百名号箭手出征，说明出征战车已达三百乘。

辆，敢死士6000人和各诸侯国联军采取战略大迂回，绕道至夏都以西突袭夏都，桀仓促应战，西出拒汤。双方决战于鸣条，商军士气高昂，阵容整齐，战斗力强，而夏军则士气低落，抵挡不住商军的进攻。

商军大败夏军。桀逃至三朡(今山东定陶东北)，汤率军乘胜追击，克三朡，桀又逃奔南巢氏（今安徽巢湖北岸）。汤占夏地，建立商朝，定都西亳(今河南偃师二里头)，夏朝灭亡。

武丁的
对外征服

| 时　　间：约公元前13~前12世纪 |
| 地　　点：西方、东方、南方 |
| 交战双方：商朝；各部族 |
| 双方将帅：商王武丁；各部族首领 |
| 结　　果：武丁获胜 |

武丁像
武丁是商代的中兴之主，开创了一代盛世。

商朝在盘庚即位前，历经九世之乱，人民怨恨，属国叛离，国势大衰。盘庚励精图治，又经过小辛、小乙二王的治理，国力渐强。从武丁开始，为了振兴商朝，开始连年对外用兵，战争的规模很大，往往动用数千兵力，最大的一次发兵1.3万人。

武丁先以武力兼并周边小国或使其完全臣服于商，又镇压了叛商的小国，巩固了商朝的统治。后又对西北少数民族如土方、鬼方、羌方等部族发动了一系列的征服战争，都大获全胜。此外，武丁还出兵征服了东边的夷方，南边的荆楚、巴方、虎方等方国和部落。

商王武丁在统治年间对四周部族征战达50多次，不仅获取了大量奴隶和财富，同时也扩大了商朝的疆域，使商朝达到鼎盛。商王武丁惟才是举，政治清明。故史书将武丁统治的59年间（前1250年~前1192年）称为"武丁中兴"。

傅说像
商王武丁时期的名臣，是中国历史上最有名的贤臣之一。

征东夷之战

时　　间：公元前12～前11世纪
地　　点：黄、淮、泗水流域
交战双方：商朝；东夷部落
双方将帅：帝乙、帝辛（纣王）；东夷首领
结　　果：商朝获胜

　　商朝末期，生活在黄、淮、泗水流域的东夷（又称夷方、人方）各部落日益强盛，不断侵袭商的统治区，对商朝构成很大威胁。于是帝乙、帝辛对东夷进行了长期征战。

　　帝乙九年，商王在远征东夷途中，因遭孟方截击而回师。第二年再率大军击败孟方，进抵淮水流域，与诸侯国军队会师，大败东夷军后，班师回朝。十五年，帝乙再次率诸侯远征，一直打到顾（今河南范县东南）、齐（今山东淄博东北）等地。

　　帝辛继位后，在黎（今山东鄄城东）举行军事演习，要东夷派军队参加，东夷拒绝。帝辛本欲攻周，正集结军队时，东夷对商又发动了大规模进攻，迫使帝辛全力对付东夷，致使商军长期陷于东部。经过多次激烈战斗，俘获大量夷人，终将东夷扫平。但战争同时也损耗了商朝的国力，导致商的附庸周部落乘机灭亡了商朝。

青铜戈　商

铸有动物装饰的战斧

伏击、合围和迂回攻击

商代的战斗方法有伏击、合围和迂回攻击等。

武丁在伐巴方之前，与其妻妇好、大将沚戛曾谋划，"妇好其比沚戛伐巴方，王自东骚伐，戎陷于妇好位"《甲骨文合集》这句甲骨文的意思是说，武丁令妇好合沚戛协同作战，事先埋伏，武丁从东面对敌人发起骚扰性的进攻，把敌人驱赶到妇好预设的埋伏圈内，然后围而歼之。这是我国军事史上最早的有文字记载的伏击、合围战术。这一战术来源于早期智人对猎物采取的埋伏法，但他不是简单的重复而是"螺旋式的上升"。

商汤在起兵讨伐夏桀之前，派伊尹前去刺探情报。伊尹了解到夏桀曾梦见"两日相与斗，西方日胜，东方日不胜"。于是，商汤利用夏桀恐惧"西方日胜"的迷信心理，率军从东方的商都亳出发，迂回到夏都之西，然后从西向东发起攻击，在鸣条之战中大败夏军，建立商朝。

妇好墓

古代兵员主要自男性，女性极少。妇好是商代第二十三王武丁的配偶，为中国历史上第一位有记载的女将军。殷墟出土的甲骨文中有关于她出征与得胜归来受商王赏赐之事。图为在河南安阳妇好墓原址上修建的仿商代木结构屋亭。

妇好大铜钺

国家常备军

青铜凤纹尊

的义务。

　　另外，还有王室贵族的族军。商朝末年，随着内部阶级斗争的加剧和对外战争的频繁，这些族军已经有了固定的军事编制，士卒有了固定的军籍和等级隶属关系。一些军队有了固定的军职、军营和常驻地。虽然大部分士卒没有脱离生产，但以贵族为主，在军中长时间服役的现象表明，商朝出现了国家常备军的萌芽。

　　在商朝，商王既是国家的最高统治者，又是军队的最高统帅。商王直接决定军事行动，亲自或指派将领征集士卒、率军出征。军队的高级将领由王室或贵族担任，奴隶主贵族子弟是军队的骨干。

　　族邑之长平时管理众人（平民）和奴隶，进行生产活动。战时族邑之长担任各级地方的武装首领，接受商王的调遣，率领由众人组成的军队出征作战。这种兵民合一、亦民亦兵的民军是商朝军队的主体。奴隶没有服兵役

凤纹牺觥

城池的出现

商朝后期，为了加强防御力量，修建了大量的城池。不仅王都修建了高墙和深沟，连东南西北"四土"臣服于商的侯伯、更远的"四方"时服时叛的方国，都纷纷筑城。

城池，主要是用于军事防御，所以它在选址上有很高的要求。首先，必须从全局着眼，要能控制所管辖的统治区，或者通往国都的防御方向；其次，必须利于防守。因此选择地形很重要，一般城池都有天然屏障，如江河、沼泽、山川等，商朝诸都多建在靠山近水的地方，就是出于军事防御方面的考虑；最后，因为城池是人们生活、生产的地方，除了从军事方面考虑外，还要考虑生活条件和生产条件。商朝诸都多建在沿河的肥沃地区，有利于生活和农业的生产。

当时的城池建设规模很大。如河南偃师商城的城墙厚19～20米，下宽上窄，城内有马道，可以直上城墙，宫殿周围还有宫城环绕。

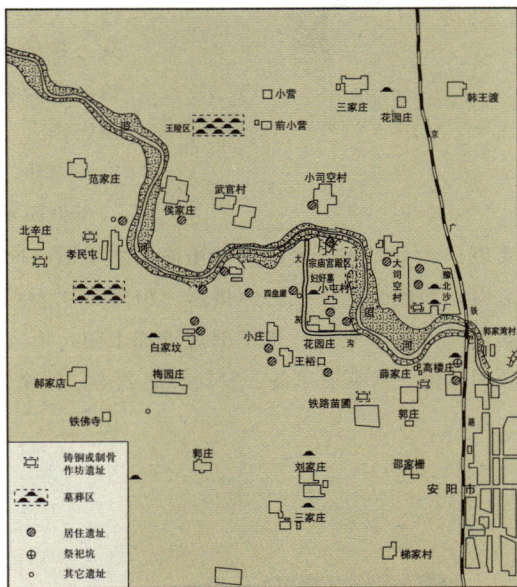

安阳殷墟遗址分布示意图
通过多年的调查与发掘，殷墟的范围和布局已大体清楚。洹河南岸的小屯村东北地为商代宫殿、宗庙区，周围分布有手工业作坊，居民区及平民墓地；北岸分布有大面积的王陵区。殷墟周围可能是贫民居所。

假途灭虢之战

时　　间：周惠王十九年（前658年），二十二年（前655年）
地　　点：山西、河南一带
交战双方：晋国；虢国和虞国
双方将帅：晋献公；虢国国君和虞国国君
结　　果：虢国和虞国灭亡

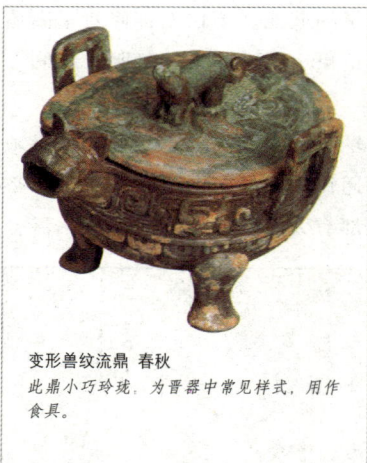

变形兽纹流鼎 春秋
此鼎小巧玲珑，为晋器中常见样式，用作食具。

　　春秋时，晋献公积极扩军，拓展疆土。晋献公为了夺取崤函要地，决定南下攻虢（初都厂阳，今山西平陆东北，后迁上阳，今河南三门峡东）、虞（今山西平陆北）两个小国。晋献公害怕两国联合，于是采用各个击破之计，先向虞借道攻虢，再伺机灭虞。周惠王十九年（前658年），晋献公派人携美女、骏马等贵重礼品献给虞公，请求借道攻虢。虞公贪利，不但应允借道，还自愿作攻虢先锋。

　　当年夏，晋虞联军攻下虢国重镇下阳（今山西平陆境），使晋控制了虢虞之间的要道。二十二年，晋又故计重演向虞借道。虞国大夫宫之奇用"唇亡齿寒"的道理，劝虞公绝不能答应借道。但虞公认为晋、虞是同宗，不会相欺，遂不听劝告。十月十七日，晋军围攻虢都上阳。十二月初一破城灭虢。晋军班师暂住虢国休整。后乘虞不备，发动突然袭击，俘虞公，灭其国。

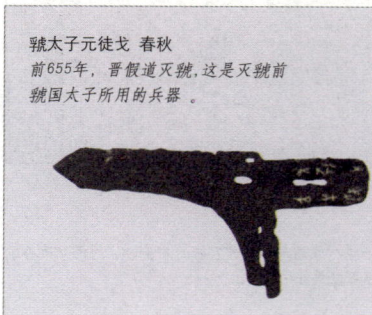

虢太子元徒戈 春秋
前655年，晋假道灭虢，这是灭虢前虢国太子所用的兵器。

虎头匜 春秋
出土于山西省侯马市上马村，侯马曾为春秋时晋国都城。

齐国
图霸战

时　间：齐桓公时期	
地　点：中原	
交战双方：齐国及其盟国、少数民族和楚国	
双方将帅：齐桓公；楚国将领	
结　果：齐桓公称霸	

　　齐国是春秋时的一个大国。齐桓公继位后，任管仲为相，委以国政，进行政治、军事、经济改革，齐国国力大增，奠定了称霸的基础。

　　齐桓公打着"尊王攘夷"的旗号，开始了他的称霸大业。齐桓公北伐山戎保卫了燕国，驱逐了狄人，存邢救卫。齐桓公还多次以"尊王"的名义派兵平定周王室的内乱，召集诸侯国的军队帮助周天子戍守国都成周。

齐国遗址复原图

　　当时南方的楚国，实力强大，势力已经逼近中原，大有北上争霸的势头。公元前656年，齐桓公率鲁、宋等八国军队，征伐楚国，在召陵（今河南郾城东北）迫楚订盟，阻其北进，奠定了霸主的地位。

　　公元前651年，齐桓公大会诸侯于葵丘（今河南兰考），与会的有鲁、宋、郑、卫、许、曹等国，周天子也派人前往。齐桓公的霸业达到了顶峰。

　　齐桓公死后，诸子争立，齐国从此衰落。

小知识

葵丘会盟

　　由于齐桓公帮助太子姬郑（即周襄王）继承君位，周襄王为了报答齐桓公，特派使者把祭祀太庙的祭肉分送给他。公元前651年，齐恒公趁着接受太庙祭肉的机会，在宋国的葵丘大会诸侯，并且订下盟约。盟约申明各国不乱筑堤防，兴修水利，不使邻国遭受水害；遇到灾荒要互相救济，不能禁止粮食流通；各国友好相待，不擅自分封，强调周天子的共主地位。"挟天子以令诸侯"的事在历史上首次出现，史称"齐桓公称霸"。

秦晋崤之战

时　　间：前628年～前627年
地　　点：崤山（位于今河南省西部）
交战双方：晋国　秦国
双方将帅：先轸　孟明视
结　　果：秦军全军覆没

春秋中期，晋国和秦国国力强大，争霸中原。

周襄王二十四年（前628年）秦穆公得知晋文公死，想趁机向东发展。十二月，派孟明视等率军越过晋境偷袭郑国。次年春顺利通过崤山隘道，越过晋国南境，抵达滑国（今河南偃师东南），恰与赴周贩牛的郑国商人弦高相遇。弦高一面冒充郑国使者犒劳秦军，一面派人回国报警。孟明视以为郑国有备，所以灭滑国后班师回国。

晋国认为秦国伐郑之举是对其霸主地位的挑战。为了维护晋国的霸业，晋国决定在崤山设伏歼灭秦军。晋将先轸率军秘密赶至崤山，联合姜戎埋伏于隘道两侧。秦军重返崤山，疏于戒备。晋军见秦军已全部进入伏击地域，立即封锁峡谷两头，发起猛攻。晋襄公身着丧服亲自督战，将士个个奋勇杀敌。秦军身陷隘道中进退不能，乱作一团，全军覆没，孟明视被俘。

秦公鼎 春秋
为目前所知最早的秦公之器。

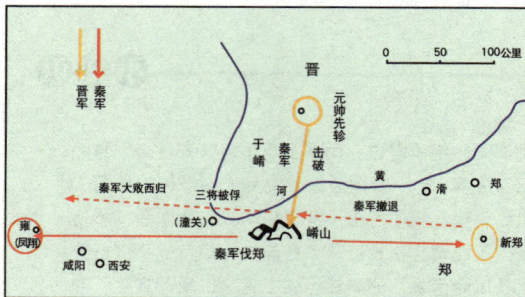

秦晋崤之战示意图

晋楚邲之战

时　间：周定王十年(前597年)
地　点：邲（今河南荥阳北）
交战双方：晋国；楚国
双方将帅：荀林父、先轸；楚庄王
结　果：楚国胜利

春秋中期，楚庄王继位后，国势日强，欲霸中原，与晋斗争日益激烈。周定王十年(前597年)六月，楚庄王为了彻底征服叛服无常的郑国，亲率大军攻破郑都新郑(今属河南)，郑降楚。当楚围郑时，晋景公派元帅荀林父率军救郑。晋军到达黄河时听到郑降楚的消息，荀林父准备撤军，副将先轸却擅自率部渡河攻楚，荀林被迫命令全军尽渡。得知晋军渡河，楚庄王率军北进，与晋军对峙于管（今河南郑州）。

楚庄王派人至晋营求和，示弱于敌，以麻痹晋军，又派小股部队袭扰晋军，诱其出战。晋将赵旃、魏锜乘赴楚营议和之机，向楚军发动进攻，楚军乘机大举反攻。荀林父正待楚使前来订盟，忽闻楚大军迫近，惊慌失措，急令全军后撤。撤到黄河南岸的邲时，晋军抢船争渡，自相残杀，惨败而归。

此战奠定了楚庄王的霸主地位。

楚式铜方壶 春秋

青铜怪兽 春秋
怪兽造型奇特，充分体现了楚人超越现实的想象力。

晋楚鄢陵之战

时　　间：周简王十一年（前575年）
地　　点：鄢陵（今河南鄢陵西北）
交战双方：晋国　楚国
双方将帅：晋厉公、栾书；楚共王、司马子反
结　　果：晋国胜利

楚子鼎 春秋晚期

周简王十一年（前575年），楚国把汝阴(今河南叶县一带)的土地送给郑国，使之叛晋与楚结盟，并且进攻与晋国结盟的宋国，宋军不敌，向晋国求援。晋厉公以栾书为中军帅，联合齐、鲁、卫等国伐郑救宋。楚共王亲自统率楚军，以司马子反为中军主帅，援救郑国，两国军队在郑地鄢陵相遇。

楚军利用晨雾作为掩护，向晋军发起突然进攻。此时晋军的盟军未到，加之营垒前方有泥沼，兵车无法出营列阵。晋厉王当机立断，派军从营前泥沼两侧向楚军发起进攻。

楚共王望见晋厉公所在的中军兵力薄弱，即率中军攻打，企图先击败晋中军，结果遭到晋军的顽强抵抗。楚共王的左目被射瞎，后撤，楚军顿时军心大乱，晋军乘势猛攻，楚军大败。

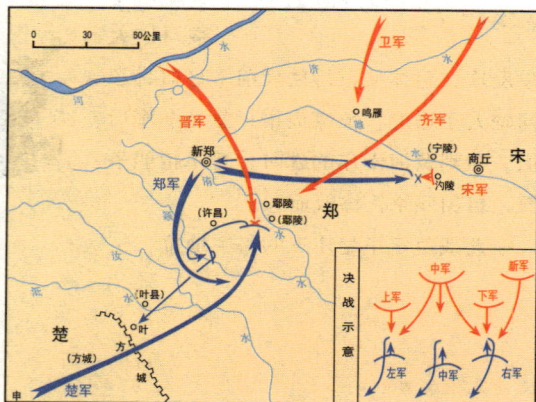

鄢陵之战示意图

鸡父之战

时　　间：周敬王元年（前519年）
地　　点：鸡父（今河南固始东南）
交战双方：吴国；楚国
双方将帅：吴王僚、公子光；司马薳越
结　　果：吴国胜利

春秋后期，位于长江流域的吴国兴起。吴国为了和楚国争霸江淮，不断进攻楚国。

公元前519年，吴王僚和公子光率军进攻楚国的州来（今安徽凤台）。楚平王令司马薳越统率楚、陈、蔡等八国联军前往救援州来。吴军为避敌锋芒，遂移师钟离（今安徽凤阳东临淮关）。

这时楚军带病督军的楚令尹阳匄病死军中。司马薳越威望低，难以服众，被迫回师鸡父（今河南固始东南）。

吴王僚采用公子光的建议，追击楚联军。当吴军突然出现在鸡父战场时，司马薳越惊惶失措，仓猝中将他国军队列为前阵，以掩护楚军。吴军用3000囚徒为诱兵攻打胡、沈、陈诸军。刚接战，吴军即佯败后退，胡、沈、陈军贸然追击，被吴军击败并俘虏胡、沈国君和陈国大夫夏齧。吴王僚释放战俘，使之冲击许、蔡、顿三军，并乘机进攻不战自乱的三国军队。楚军受乱军冲击，纷纷溃逃。吴军乘胜攻占了州来。

少虡剑 春秋兵器

倗矛 春秋 楚国的击刺兵器

管 仲

管仲（？～前645年），名夷吾，字仲，齐国颍上(今安徽颍上县)人，春秋时期著名的军事家、政治家、思想家。

父亲管庄是齐国的大夫，后来家道中衰。管仲早年经商，后辅佐齐国公子纠，帮助公子纠和公子小白争夺君位。小白即位，是为齐桓公，管仲被囚。后经好友鲍叔牙举荐，齐桓公不计前嫌，拜管仲为相，甚至尊为"仲父"。

管仲相齐后，对齐国进行了一系列的改革。在政治上，分国都为15个士乡和6个工商乡，国都以外划分为邑、卒、乡、县，设各级官吏管理；在经济上，实行租税改革，把土地肥瘠定为收税的标准，采取了若干有利于农业、手工业发展的政策；在管理上，他主张礼法并用。从此齐国国富民强。

管仲又建议齐桓公以"尊王攘夷"为号召，使其"九合诸侯，一匡天下"，成为春秋时代的第一个霸主。

后有管仲及管仲学派的著述总集《管子》。

管仲像

《管子》书影

相传为管子所著，大部分为战国齐国稷下学者采拾管仲言行推其旨义而成。共二十四卷。分为八类：《经言》九篇，《外言》八篇，《内言》七篇，《短篇》十七篇，《区言》五篇，《杂篇》十篇，《管子解》四篇，《管子轻重》十六篇。内容庞杂，包含有法、道、名等家思想，以及天文、历数、地理、农业和经济等方面知识，是我们了解春秋早期社会经济状况及管仲政治经济思想的重要文献。

东方兵圣——孙武

孙武像

孙武，字长卿，后人尊称其为孙子，齐国乐安（今山东博兴北，一说惠民）人。生卒年不详。古代军事学家，中国古代军事学的奠基人。春秋末期吴国将军。其曾祖、祖父都是齐国名将，受家庭的影响，孙武从小就喜欢兵法，盼望能有用武之地。但齐国的内乱迫使孙武18岁时不得不离开齐国，到了吴国。经吴国重臣伍子胥推荐，被重用为将。

当时，吴、楚争霸，战于江淮。孙武与伍子胥辅助阖闾制定袭楚方略，使楚疲于奔命，国力大耗。吴国"西破强楚，北威齐晋，南服越人"（《史记·伍子胥列传》），以东南一隅之地成为中原霸主，孙武起到了重要作用。后吴王夫差日渐骄横，听信谗言，逼死伍子胥，于是孙武隐居深山，修订兵书，不知所终。

孙武所著的《孙子兵法》，虽然只有6000字，但却包含了丰富的军事思想，这使他成为中国乃至世界上伟大的军事家。

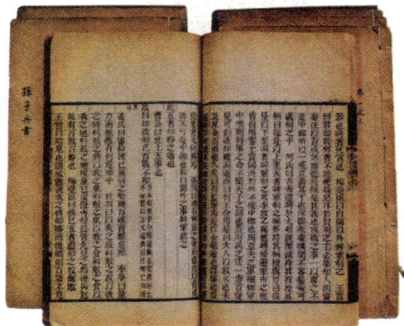
清版《孙子兵法》书影

伍子胥

伍子胥像

伍子胥画像镜

伍子胥，名员，字子胥，楚国人，后为吴国大夫。因功封于申，又称申胥，春秋时期著名的政治家、军事家。

父伍奢是楚国大夫，曾任辅导楚太子建的太傅。楚平王七年（前522年），楚平王听信谗言，逼走太子建，杀伍奢及其长子伍尚。伍子胥辗转逃到吴国，帮助阖闾刺杀吴王僚夺取王位，并辅佐他富国强兵。他为吴王制定了"疲楚"的战略，并推荐了著名军事家孙武来训练吴卒，教授车战。

当时，吴楚争霸，交战多年。吴王、伍子胥和孙武率军攻下楚国都城郢后，伍子胥掘楚平王墓，鞭尸三百，报父兄之仇。伍子胥帮助吴王西破强楚，北威齐晋，南服越人，成为中原霸主，吴国国力达到了鼎盛。阖闾死后，夫差即位。吴王夫差打败了越国，越王勾践投降，伍子胥认为应一举消灭越国，消灭心腹之患，但是吴王不听，反而听信谗言，赐伍子胥自尽。9年后，越灭吴。

弭兵之盟

春秋时期，晋楚争霸，征战连年，人民困苦不堪。地处两国中间的宋国更是战事不断，80年间竟遭遇了40多次战争。

公元前579年，宋国大夫华元约晋楚在宋国订立"弭兵之盟"，约定双方不再交战。如一方受到侵害，另一方应支援。但这次盟约仅仅维持了3年，到了公元前576年，爆发了晋、楚鄢陵之战，第一次弭兵之盟宣告失败。

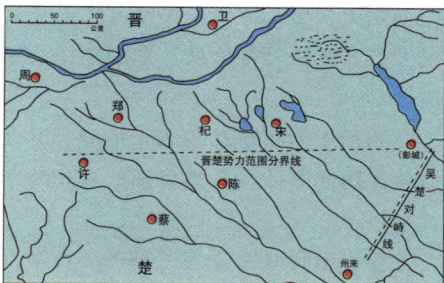

公元前579年，宋大夫华元倡导第一次弭兵之会。公元前546年，宋大夫向戌倡导了第二次弭兵之会，图为向戌弭兵会议后之中原局势。

公元前546年，宋国令尹向戌因为和晋楚两国令尹都有私交，又正当两国交兵疲惫之际，遂发起和平大会，在宋国召开"弭兵之盟"。这次除了晋、楚两大国参加之外，还有14个小国参加。在会议上，各国承认晋楚两国同为霸主，各小国需向它们同时纳贡。小国的负担因此增加了一倍。这次弭兵之后，结束了晋、楚两国军事抗衡的局面，此后各大国都忙于各自国内的纷争，无暇外顾。晋、楚之间再也没有爆发大的战争，大国争霸接近尾声。

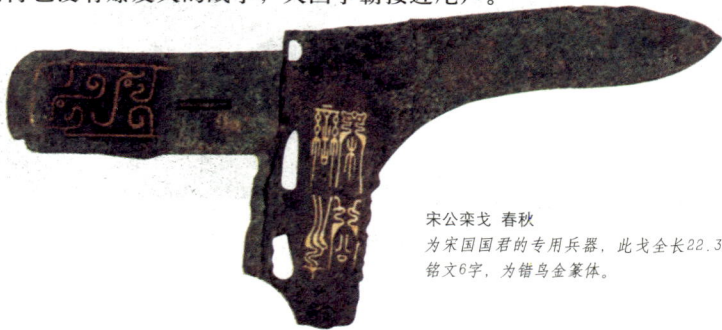

宋公栾戈 春秋
为宋国国君的专用兵器，此戈全长22.3厘米，上有铭文6字，为错鸟金篆体。

先弱后强、各个击破

东周初年，周天子虽然名义上是天下共主，但直接统治地区狭小，只有洛邑一带，无法号令诸侯。郑国郑庄公藐视周天子的权威，不断进攻周边的诸侯国。

周桓王为了维护周天子的尊严，于公元前707年秋率领王军和蔡、陈、卫等诸侯国的军队，大举伐郑。郑庄公率军迎战，两军相遇于繻葛（河南长葛县北）。

周桓王将联军分为三军——右军、左军、中军。中军主力由周桓王亲自指挥，右军由卿士虢公林父指挥，配属卫、蔡军，左军由卿士周公黑肩指挥，配属陈军。

郑庄公率领中军，祭仲率领左军，曼伯率领右军。郑国大夫公子元指出，陈国刚发生内乱，所以陈军毫无斗志；蔡、卫军战斗力也不强。如果攻击周的左右两军，陈、卫、蔡军会很快崩溃，然后再集中兵力进攻周中军主力。郑庄公采纳了这一先弱后强、各个击破的建议，周联军果然大败，周桓王也中箭而逃。

春秋前期 秦公编钟
西周前期，音乐和礼制密不可分，称为"礼乐"。编钟是礼制中的重要组成部分。至春秋，礼乐制度和体系走向衰落，形成礼崩乐坏的局面。

《孙子兵法》

《孙子兵法》是春秋末年孙武所著。孙武，齐国人，出身军事世家。因齐国内乱奔吴，向吴王阖闾献兵书，任大将军。

《孙子兵法》的战术观点主要有以下几方面：

一是"知己知彼，百战不殆"。孙子主张战争前应对敌我双方的各种情况进行详细的了解，然后制定正确的作战方针，获得胜利。

二是"致人而不致于人"。孙子主张应掌握战争的主动权，避免被动挨打。

三是"兵者，诡道也"、"因敌变化而取胜"。孙子主张在战争中根据情况的变化，灵活机动地改变作战方法。

四是"兵贵胜，不贵久"。孙子主张速战速决，在最短的时间内以最小的代价取得胜利。

孙子认为决定战争胜负的有五大因素："一曰道，二曰天，三曰地，四曰将，五曰法。"

《孙子兵法》共13篇，约6000字，它的出现标志着我国古代军事思想体系的基本形成。

《孙子兵法》汉简（模型）　银雀山汉墓出土

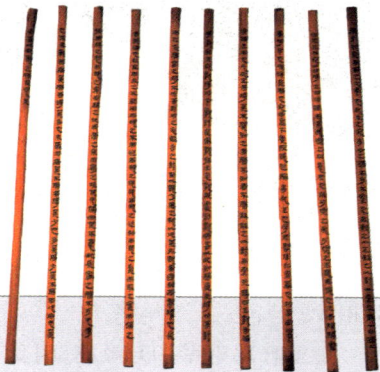

邯郸之战

时　　间：周赧王五十六年（前259年）～周
　　　　　赧王五十八年（前257年）
地　　点：邯郸（今河北邯郸）
交战双方：秦军；赵、魏、楚联军
双方将帅：王陵、王龁；平原君、信陵君
结　　果：赵、魏、楚联军胜利

长平之战后，赵孝成王准备割六城与秦议和。但在大臣的劝说下，把六城贿齐，联齐抗秦，并交好楚、魏、燕、韩等国。同时积极发展生产，重整军备，为抗秦做准备。

秦昭王大怒，派王陵率军进攻邯郸。赵国军民同仇敌忾，坚城死守，秦军久攻不克。

秦昭王于次年改派王龁代王陵为将，仍屡攻不下。赵军被困日久，形势逐渐危急。赵相平原君散家财与士卒，编妻妾入行伍，鼓励军民共赴国难，并选3000精兵，不断出击，袭扰秦军。同时遣使赴魏求援，还亲自前往楚国，向楚王陈说利害，使楚发

信陵君夷门访侯嬴
公元前257年，魏公子信陵君无忌为了救赵，亲往夷门向守门人侯嬴问计，最终夺得晋鄙手中的兵权，解除了邯郸之围。

兵相救。

魏遣晋鄙率军10万救赵，因受秦威胁，到邺（今河北临漳西南）时停止前进。魏信陵君盗魏王兵符，杀晋鄙，夺军权，选精锐8万北上救赵。秦军久攻不克，士气低落，又受赵、魏、楚军内外夹击，大败。秦将郑安平率2万人降赵，邯郸之围遂解。赵、魏乘胜夺回了部分失地。

秦统一六国的战争

时 间：	前230~前221年
地 点：	中国
交战双方：	秦国；六国
双方将帅：	内史滕、王翦、王贲；六国将领
结 果：	秦国统一六国

公元前246年，秦王嬴政继位。公元前238年，秦王政开始亲政，发动了秦灭六国之战。

公元前230年，秦内史滕率军灭韩，俘虏韩王安。公元前228年，王翦率军攻赵，秦军占领邯郸，俘虏赵王迁，赵国灭亡。赵公子嘉逃往代郡，自立为王。公元前227年，王翦率兵攻打燕国。次年十月，王翦攻陷燕国都蓟（今北京市），燕王喜与太子丹率残部逃到辽东（今辽宁辽阳市）。公元前225年，秦将王贲率军攻魏，引黄河水灌大梁（今河南开封），魏王假投降，魏国灭亡。公元前225年，李信率秦军攻楚，大败而回。公元前224年，王翦率60万大军再次伐楚。次年，俘虏楚王负刍，攻占楚都郢（今湖北荆州市），楚国灭亡。公元前222年，秦将王贲率军俘虏燕王喜和俘获赵国代王嘉。公元前221年，秦军进攻齐国都城临淄（今山东淄博市），齐王建不战而降，齐国灭亡。

从公元前230年灭韩至此，秦用10年时间兼并了东方六国，结束了春秋、战国长达550年之久的割据局面，建立起统一的多民族的专制主义中央集权的封建国家——秦朝。

秦统一形势图

乐 毅

乐毅，生卒年不详，中山灵寿(今河北灵寿西北)人，战国后期杰出的军事家。

赵国沙丘之乱后，乐毅离赵而至燕，被任命为亚卿，辅佐燕昭王振兴燕国，以报齐国伐燕之仇。乐毅建议燕昭王联络赵、楚、魏等国共同对付强齐，游说各诸侯国进行合纵。

公元前284年，乐毅统率赵、楚、韩、魏、燕五国之兵伐齐，大败齐军于济西。此后，各国引兵回国，乐毅独率燕国军队追逐败逃的齐军，攻占临淄之后，燕昭王大喜，亲至济上劳军，乐毅被封为昌国君。乐毅留居齐

几何纹长柄豆 战国
此豆风格特异，极为少见，是研究燕国文化和青铜工艺的重要实物资料。

地5年，接连攻下齐国70余城，只剩莒、即墨两城。

燕惠王立，田单施反间计，使燕以骑劫代乐毅。乐毅离燕回赵，被封于观津，号曰望诸君。骑劫被齐军击败后，燕惠王复召乐毅，表示不忘其功，并封其子为昌国君。乐毅来往于燕赵两国，被燕、赵任命为客卿。卒于赵。

龙纹玉环 战国

白 起

白起(?～前257年)，又名公孙起，战国时期秦国郿县(今陕西郿县东北)人，秦国名将，因战功被封为武安君。

白起一生战功卓著，征战沙场达37年，攻取70余城，歼敌百万，未曾一败。在伊阙之战中以少胜多，大败韩魏联军，斩首24万。在长平之战中，替代王龁任秦军统帅，击败赵军，坑杀赵国降卒40万，几次恶战让三晋力量大减，再也无力阻挡秦兵东进。南攻楚国，攻下楚都郢，焚夷陵，迫使楚王迁都于陈(今河南淮阳)。

名将白起
秦昭王十四年，白起官拜左更，率兵在伊阙击败韩、魏等联军，升任国尉。秦昭王十五年，官拜大良造，攻克楚都郢，被封武安君。

长平之战后，白起提出乘胜进军邯郸，灭亡赵国。被秦昭王以秦军需要修整为由拒绝。后赵国恢复元气，秦军进攻邯郸，屡攻不下。秦昭王召白起，被白起称病拒绝，并埋怨秦昭王当初不听他的建议。

公元前257年，白起因病数次违抗秦昭王的委任，被贬为士兵，逐出咸阳，出西门十里至杜邮，秦王派遣使者赐剑令其自杀。

云纹铜戈 战国中期
战国时期各国都很重视兵器的制造。兵器制造业被国家垄断，设有专门管理机构统一管理，并有完备的监造制度，以保证兵器生产的质量和安全。

王翦

　　王翦，生卒年不详，频阳东乡(今陕西省富平县东北)人，秦国名将。与其子王贲在辅助秦始皇统一六国的战争中立有大功，除韩之外，其余五国均为王翦父子所灭。

王翦像

出身于世代将门，少年时喜爱兵法，青年时投入军旅，战国时秦国名将，用兵多谋善断。一生南征北战，为秦统一六国立下了盖世之功。今陕西富平县道贤乡保留有王翦的墓址，后世人凭吊他为祖国统一所做出的贡献。

　　秦国灭韩、赵、魏、燕、齐后，开始积极为灭楚做准备。秦王问王翦灭楚需要多少人马，王翦说需要60万，而李信则说20万足矣。秦王遂派李信率兵攻打楚国，结果李信大败而回。

　　秦王亲自登门向王翦赔罪，于是王翦率军60万攻楚，楚军也尽发国中兵力以抗秦。王翦筑垒坚守，养精蓄锐，楚军屡次挑战，秦军始终不肯出战，楚便引兵向东，王翦趁机进攻，大破楚军，追至蕲南(今安徽宿州东南)，斩杀楚将项燕(一说项燕自杀)，楚兵败逃。秦军乘胜进军，一年就灭亡了楚国，俘虏楚王负刍，楚国灭亡。王翦又率兵南征百越，取得胜利，因功封武成侯。

玉扳指　战国

古人拉弓射箭的时候，大拇指就会戴上一个硬质的套圈，用以扣弦，称作"扳指"。

合纵连横

战国七雄，互相征伐不休。秦在西，齐在东，中间从北到南依是燕、赵、魏、韩、楚。古人称东西为横，南北为纵。连横就是事秦齐而攻众弱，合纵就是联众弱而攻秦齐。

燕昭王拜以乐毅为将，联合五国伐齐，齐只剩即墨、莒二城。虽然后来田单复国，但已元气大伤。

函谷关及其关外战场遗址
战国中期秦军与多国联军多次在此交战。

齐国衰落后，连横就变成了事秦国而攻六国，合纵就是六国联合攻秦国。商鞅变法后，秦国大举东侵，东方六国压力倍增，苏秦遂提出东方六国联合抗秦。六国多次组成联军攻秦，迫使秦去帝号，归还了部分侵占的土地。

秦国张仪鼓吹连横，对韩、魏又拉又打，使之臣服。战国七雄中，楚国国土最大，实力雄厚，"横成则秦帝，纵成则楚王"。张仪用计破坏了齐楚联盟，楚王怒而攻秦，惨遭失败，楚国从此一蹶不振。

战国时期，各国为了自己的利益，时而连横，时而合纵，"朝秦暮楚"。

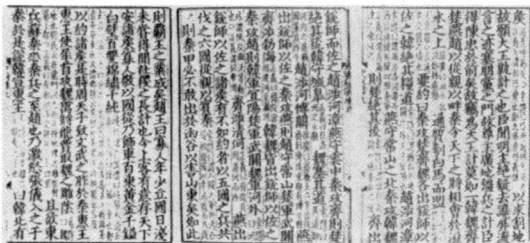

《史记·苏秦列传》中记载的苏秦合纵策略
苏秦是战国时著名的纵横家，曾说服齐王取消帝号，联合楚、燕、韩、赵、魏五国抗秦，使秦兵不敢出函谷关 15年之久。

孙膑和《孙膑兵法》

孙膑像
战国时期齐国的军师，中国历史上卓越的军事家、军事理论家。

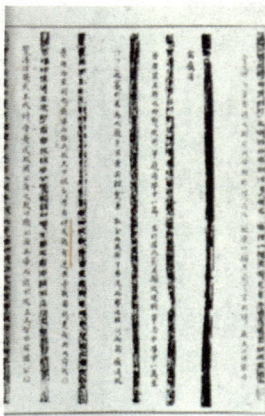

《孙膑擒庞涓》书简
本篇记述了孙膑在"围魏救赵"之战中，用避实击虚、"攻其必救"等方法，在桂陵大破魏军，俘获庞涓。这是孙膑运用他的军事思想取得胜利的一个著名战例。

孙膑，战国时期著名军事家，孙武后裔，齐国阿(今山东阳谷东北)、鄄(今鄄城北)一带人。早年曾与庞涓师从鬼谷子习兵法。庞涓出任魏将后，妒孙膑之才而将其骗至魏，施以膑刑(割去膝盖骨)，因有孙膑之称。后逃往齐国，为田忌门客，助田忌在桂陵、马陵两败魏军，杀庞涓复仇。后辞官归隐。

著有《孙膑兵法》一书，后失传。1972年，在山东银雀山汉墓发现了这部兵法的残简，分上、下编，各十五篇，经过整理，现已由文物出版社出版。《孙膑兵法》凡16篇，系原上编诸篇加下篇中的《五教法》而成，其篇目依次为：擒庞涓、见威王、威王问、陈忌问垒、篡卒、月战、八阵、地葆、势备、兵情、行篡、杀士、延气、官一、五教法、强兵。

《孙膑兵法》继承了《孙子兵法》的军事思想，提出了"战胜而强立"和"乐兵者王"等有价值的战争观点和原则。

《鹖冠子》

相传为隐士鹖冠子所作，《汉书》中说他是"楚人，居深山，以鹖为冠"。《鹖冠子》是一本充满了道家思想的兵书。

《鹖冠子》提出"人道先兵"的观点，认为兵"不可一日忘"。

此外，书中还提出了重"计"、重"权"和重"势"的作战指导思想。重"计"，就是用计谋，使敌国的君主，变更他本国的风俗，变得骄奢淫逸，从而"不战而胜"。重"权"，就是注重权变，即战争中能够做到灵活多变，就可以掌握战争的主动权，从而赢得战争。重"势"，就是注重有利的态势。首先，不放过有利的战机；其次，"出实触虚"；再次，要"暴疾捣虚"；最后，要"避我所死，就吾所生就，超我所时，援吾所胜"，即扬长避短。《鹖冠子》认为只要能做到这四点，就好像"乘流而逝，与道翱翔"，可以无往而不胜。

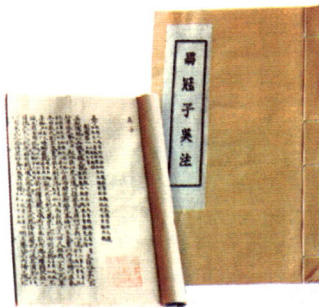

《鹖冠子吴注》书影
后人对《鹖冠子》一书的研究丛书中，今存有宋陆佃《鹖冠子解》三卷十九篇，清王人俊辑《鹖冠子佚文》一卷，见《经籍佚文》。此外，还有近人吴世拱《鹖冠子吴注》三卷、张金诚《鹖冠子评注》。图为吴世拱《鹖冠子吴注》的书影。为1929年铅字排印书。

玉多节龙凤纹佩 战国
此器集多种玉雕技艺于一体，工艺复杂，难度极大，是战国时期治玉工艺史上的一枝奇葩。

秦汉军事

秦汉时期包括秦（前221～前207年）、西汉（前206～25年，含王莽新朝）和东汉（25～220年）三个历史阶段，共计441年。

这一时期的战争以统一战争和民族战争为主。秦并六国后，建立了中国历史上第一个中央集权的多民族统一国家——秦朝。强悍的匈奴是北方边境最大的忧患，秦汉两代都曾与匈奴交兵，秦朝为抵御匈奴修筑了举世闻名的万里长城；汉武帝时，卫青、霍去病经过河西、漠北等多次激战，将匈奴赶至大漠以北，汉代的国力盛极一时。

秦末的陈胜、吴广起义和东汉末的黄巾军农民起义，在一定程度上打击了暴政，有助于协调国家内部复杂的阶级关系。

蒙恬
北击匈奴

时　　间：秦始皇三十三年（前214年）～三十四年（前213年）
地　　点：河南地（今内蒙古河套和伊克昭盟）
交战双方：秦朝；匈奴
双方将帅：蒙恬；头曼单于
结　　果：秦朝获胜

蒙恬像
秦代名将，在秦统一后率军北击匈奴，并修筑万里长城，曾戍守边防十多年，深得秦始皇信任。

匈奴是我国古代北方的一个游牧民族。战国时期，匈奴逐渐强大，再加上中原地区七雄纷争，匈奴贵族常率兵南下侵扰。秦朝建立时，匈奴已占领了自阳山至河南地（今内蒙古河套和伊克昭盟地）的广大地区，对秦王朝构成了严重的威胁。

秦完成统一后，为了解除匈奴对秦的威胁，秦始皇命蒙恬率30万大军北击匈奴，当时匈奴的首领是头曼单于。蒙恬的第一个目标是收复河南地，他采用集中兵力、速战速决的作战方法，很快收复了河南地和榆中。公元前214年，蒙恬率军渡过黄河，大规模进攻匈奴，头曼单于难以抵挡，只好北移，蒙恬乘机率军占领了高阙、阳山、北假等地。秦政府一方面在这些地区设置44个县，实行有效的行政管理，另一方面还大量迁徙刑徒，并鼓励一些民众移居边地。

为巩固抗击匈奴取得的胜利成果，秦始皇又命蒙恬负责修建了秦长城。

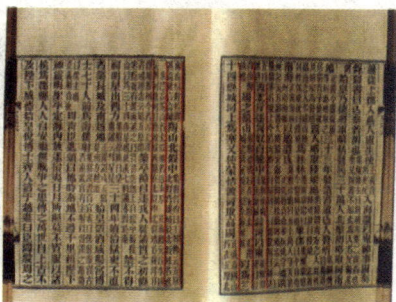

《史记·始皇本纪》中有关秦朝北击匈奴和修筑万里长城的记载。

秦平百越

时　　间：秦统一后
地　　点：今浙江、福建、江西、广东、广西、云南等地
交战双方：秦朝；百越
双方将帅：尉屠睢、王翦；百越将领
结　　果：秦朝胜利

在今天的浙江、福建、江西、广东、广西、云南一带，有一个人数众多的民族，即越族。越族部属众多，而且部落差异很大，被称为"百越"。依据

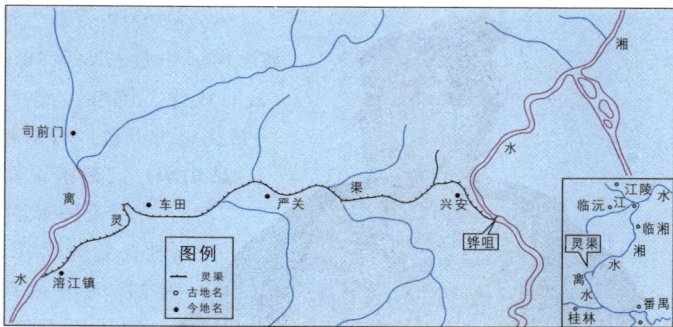

灵渠示意图

其分布地区不同，可分为于越、闽越、瓯越、南越、西瓯等八部分。

王翦在灭楚后，率军南下，夺取越人一部分土地，置会稽郡（今江苏苏州）。

秦统一后，秦始皇命尉屠睢为统帅，兵分五路，统率50万大军进攻南越，遭到了南越和西瓯的顽强抵抗。越人转入山林继续战斗，秦军伤亡惨重，统帅尉屠睢不幸战死。

公元前214年，秦始皇派监御史禄负责开凿沟通漓、湘两水的灵渠，把长江和珠江两大水系连接起来，灵渠修建完工后，解决了秦军的军粮运输问题。秦军攻势猛烈，于公元前214年攻占岭南，设置了桂林、南海和象郡。

公元前213年，秦始皇下令将中原50万罪犯流放到岭南地区，与越族杂居，共同开发珠江流域。

陈胜、吴广起义

| 时　间：秦二世元年（前209年） |
| 地　点：大泽乡（今安徽宿县东南） |
| 交战双方：起义军；秦朝 |
| 双方将帅：陈胜、吴广；章邯 |
| 结　果：起义失败 |

陈胜像

公元前209年（秦二世元年）七月，秦征调淮河一带贫苦农民900人到渔阳（北京密云）戍守。陈胜、吴广也在被征之列，并被指定为屯长。行至蕲县大泽乡（安徽宿县东南），遇雨误期，按秦律当斩。陈胜、吴广杀掉秦尉，发动戍卒起义，陈胜自立为将军，吴广为都尉，戍卒们"斩木为兵，揭竿为旗"，中国历史上第一次大规模的农民战争爆发了。

起义军迅速占领了大泽乡、蕲县，附近农民纷纷参加起义军，六国的旧贵族、官吏也群起响应。

起义军攻占楚国的旧都陈（今河南淮阳）后，陈胜自立为王，国号"张楚"（张大楚国之意）。随后，起义军的主力西进，攻入函谷关，一直打到咸阳附近。秦二世大惊，派章邯率领正在建造骊山陵墓的几十万刑徒迎战，击溃了起义军的主力。不久，吴广被部将所杀，陈胜也被叛徒刺死，起义失败。

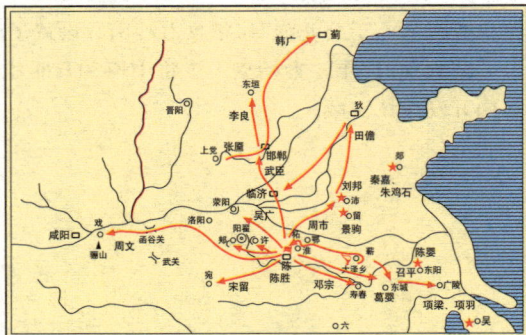

陈胜吴广起义示意图

巨鹿之战

时　　间：	秦二世三年(前207年)
地　　点：	巨鹿(今河北平乡西南)
交战双方：	起义军、秦朝
双方将帅：	项羽、章邯、王离
结　　果：	项羽获胜

秦二世二年(前208年)，秦将章邯镇压陈胜、吴广起义之后，又大败其它反秦武装。反秦武装赵王歇及张耳退保巨鹿(今河北平乡西南)，被秦将王离率20万人围困。章邯率军20万支援王离。赵将陈余率军数万屯于巨鹿北，因兵少不敢去救，当时齐、燕等各路反秦武装已达陈余营旁，因畏惧秦军，不敢出战。

楚怀王派宋玉为上将军，项羽为副将，率军5万救赵。宋玉畏秦如虎，行至安阳(今山东曹县东)，停留不进。项羽怒杀宋玉，率全部楚军渡过漳水，令全军"沉船、破釜甑、烧庐舍，持三日粮，以示士卒必死，无一还心"(《史记·项羽本纪》)。楚军以一当十，奋勇死战，九战九捷，大败章邯军，章邯率20万秦军投降。齐、燕等各路援军亦冲出营垒助战，俘王离，杀其副将，解巨鹿之围。

戏马台

在今江苏徐州，始建于公元前206年，据传西楚霸王项羽定都彭城后，在此建高台，作为指挥士兵操练、观赏士卒赛马的场所。

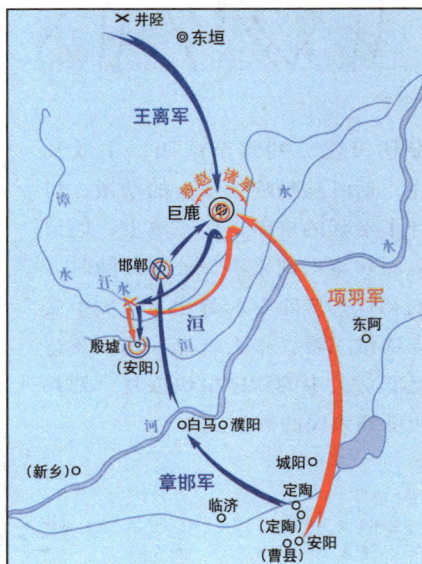

巨鹿之战示意图

刘邦入关

时 间：	公元前206年
地 点：	蓝田（今陕西蓝田）
交战双方：	起义军；秦朝
双方将帅：	刘邦；秦军将领
结 果：	刘邦获胜

刘邦像

秦朝灭亡。刘邦至咸阳，本欲长住，后听从樊哙、张良的劝谏，封存了秦廷的府库，还军灞上，以待项羽和诸侯到来再作处分。同时，刘邦宣布废除秦朝苛法，与关中父老约法三章：杀人者死，伤人及盗抵罪。关中的秩序很快恢复，刘邦也受到人民的拥护。

望江楼
在陕西省汉中市城内。相传是刘邦受封汉王时兴建宫廷的基址。登楼可眺望汉江，俯瞰全城。

秦二世二年（前208年），楚怀王派宋义、项羽救赵，遣刘邦向西进攻关中，并与诸将约定"先入关中者王之"。

刘邦率军从彭城出发，在进攻昌邑（今山东金乡西北）受挫后，采用机动灵活的战术，转而向西攻破陈留，获得秦积粟，继而攻克南阳，招降宛城守将，又迅速攻入通往关中的重要门户武关，沿途队伍不断壮大，于汉王元年（前206年）十月进抵灞上，逼近咸阳。

此时秦朝发生政变，丞相赵高杀死秦二世而立其侄子婴为秦帝，子婴又杀赵高，派秦军与刘邦战于蓝田（今陕西蓝田），三战三败，只得向刘邦投降，

秦始皇

秦始皇，名嬴政，秦庄襄王之子。13岁即王位，39岁称帝。

嬴政亲政后平定了嫪毐叛乱，免除吕不韦的相职。自公元前230年至前221年，秦国先后灭韩、魏、楚、燕、赵、齐六国，统一天下。

嬴政创立了"皇帝"的尊号，自称始皇帝。他废除分封制，代以郡县制，建立自中央直至郡县的一整套官僚机构，颁行统一的法律；在经济上推行重农抑商政策，统一度量衡、货币，实行"车同轨"，修建直道和驰道，开凿灵渠；在文化思想方面，以秦国通行的文字为基础制定小篆，颁行全国，焚书坑儒，统一思想。

秦始皇派蒙恬北击匈奴，修筑万里长城；在征服百越地区后，设置桂林、象郡、南海等郡；将六国旧贵族迁到关中和巴蜀等地。

秦始皇还修建豪华的阿房宫和骊山墓，派徐福等方士去海外寻找长生不老药。秦始皇先后进行5次大规模的巡游，途中病死。

秦始皇像

阿房宫想象图

秦代军制

　　秦朝是我国第一个大一统的中央集权的封建王朝，创立了以皇帝为首的中央集权的军事领导体制。皇帝掌握着全国的最高军权。如果将领要调动军队，必须持有皇帝授予的虎符。

　　太尉是中央一级的最高军事长官。太尉在秦统一前称为尉或国尉，为武官之长。《汉书·百官公卿表》中提到："太尉，秦官，金印紫绶，掌武事"，位于"三公"之列。秦统一后，太尉为武官之长，由皇帝亲自任命。太尉只有带兵权，没有调兵权，皇帝掌握一切军务的最后决断权。太尉只是名义上的武官之长，从来没有太尉掌兵的记录。

　　战时，皇帝临时派将军领兵打仗；战毕，将军解除兵权。

　　在秦的地方，即郡、县、乡都有主管军政的官员。郡设立郡尉掌管军政，负责士卒的征调和武器装备的制造、保管，还有地方的治安。县设立县尉掌管军政、乡设立游徼掌管军政和治安。

小知识

秦代军队的平时编制

　　步兵的编制分为六级，即：五人为伍，二伍为什，五什为屯，二屯为百，五百人，一千人。前五级分设一人为长，第六级设"二五百主"也称"千人"，已属中级军官；骑兵的编制，很可能是四骑一组，三组一列，九列一百零八骑为一队，并能属战车六乘；车兵的编制，没有步兵配合时，每八乘为一偏（即一行），二偏为一组，四组为一队；有步兵配属时，则以兵车一乘、甲士三人、步卒八人为一个基本单位，六乘为一组，十八乘加指挥车一乘为一队。

合同战术、
游击战术与侧击战术

    战国时期，单纯的车战已经不存在了，取而代之的是弩、步、骑、车相结合的战术。弩兵长于远战，步兵利于近战，骑兵机动灵活，车兵用于防御和攻坚。

    游击战是弱小军队或民族抵抗强大军队或民族的有效战术。秦始皇统一六国后，征发50万大军南征百越。当时百越还处于原始社会，没有统一的政权，地域辽阔、地势复杂、部落比较分散。秦军很快占领了百越之地，但越人却逃到深山老林中，以游击战的形势，不断地袭扰秦军，进行顽强的抵抗，连秦军主帅尉屠睢也被杀。

    侧击战术在夏、商、周和春秋战国时期被广泛运用。秦灭燕国，摆出灭齐的态势。齐王慌忙调齐军主力西调以抗秦军，导致国内空虚。秦将蒙恬却从燕国故地挥师南下，从侧翼发起进攻，"淬入临淄"，齐军主力来不及调回，齐王被迫投降，秦国统一天下。

镶嵌云纹弩机 秦
远射兵器构件。弩机由牙（上有望山）、牛（钩心）、悬刀（板机）、拴塞及廓组成。廓、望山、牙上饰错金云纹和s形纹。悬刀一侧有篆体铭文十一字，记作弩于秦王政二十三年（前224年），并铸有主管官吏和工匠姓名。1974年湖南长沙马王堆出土，现藏于湖南省博物馆。

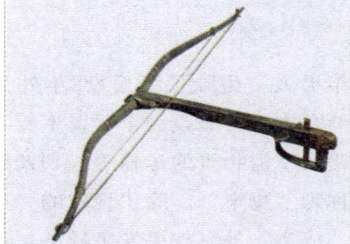

铜弩 秦
弓是古代一种远距离伤人的武器，在春秋战国时期，楚人利用弓箭原理发明了弩机，可以达到在瞬间发射的效果。秦人更是将这一工艺和技术发扬光大，不仅弩距加长，而且射程大增，射击面更加宽阔，威力更猛。

按年龄征兵的兵役制度

秦代跪射步兵俑（从姿势上来判断，应为持弩准备之状）

秦朝兵役制度的特点是按年龄实行普遍征兵制。凡到17岁的男子都必须亲自向政府登记注册，写清楚姓名、年龄、有无残疾，并开始服役，称为"傅籍"。如果发现没有登记的或者登记不实者，其所在的乡的典、老要受罚甚至受刑。什么时候停止服役，要看是否有爵位而定，有爵位者56岁停止服役，无爵位者60岁停止服役。凡到傅籍年龄的人一律服兵役两年，一年在本郡，另一年去京师或边疆，通称"正卒"。在本郡服兵役，因兵种的分工和服役地区不同，名称也不同，步兵称为"材官"，车兵和骑兵称为"骑士"，水军则称为"楼船士"，去京师服役，称为"卫士"。去边疆服役被称为"戍卒"。

出了"正卒"外，还有"更卒"。在秦朝，一个成年男人一生除了服兵役2年外，每年还要在本郡县服役一个月，主要是筑城修路及军需物资的运输等。到期更换，故称为"更卒"。除了规定的"正卒"、"戍卒"外，如果发生战争，还必须随时准备应征入伍。

小知识

兵器的分类

一般武器的分类方法，是以武器的基本性能来进行分类的，在有了火药为能源的武器之后，便有了以是否使用火药来分类的方式。根据这个分类法，就把不使用火药、以人体为"能源"的刀、枪等古代就有的武器叫做"冷兵器"，而把火药燃烧作为能源的步枪、火炮称之为"火器"。

郡县征兵制

战国时期，随着郡县制度的建立，各诸侯国开始实行以郡县为单位的征兵制度。当时各国在边地设郡，主要是为了国防，郡的长官叫守，郡守有奉命征发全郡壮丁作战的权力。

战国时代男子服兵役的年龄，大概从15岁到60岁。达到年龄后，须向官府等登记，称为"傅"，以备国家随时征调入伍。服兵役时间的长短，要由战争而定，战争结束，就可以回家。长平之战时，秦王听说赵军被围，亲自到河内，"赐民爵各一级，发年十五以上，悉诣长平"，增援长平的秦军。

各国遇到大战时，往往征发全国壮丁作战。例如长平之战，赵国"悉其士民，军于长平之下，以争韩之上党"（《战国策·秦策三》）。但一般战争往往只征发与敌国相邻郡县的壮丁作战，内地的郡县往往不征发，休养生息，以备将来抵御邻国之用。

铠甲武士俑头部 秦
秦兵马俑众多的俑像神态各异，栩栩如生，显示了当时高超的铸型技艺，图为青年军士的头部塑像。

战袍武士俑群 秦
秦国士兵根据不同官、兵种和任务性质、配置不同的戎装。军官多配铠甲，而士兵只配置战袍。

秦长城

　　战国时期，北方的匈奴游牧于蒙古高原一带，屡次南下侵扰，严重威胁了燕、赵、秦三国的北部边疆安全。于是三国在北部边境修筑长城以抵御匈奴。

　　秦始皇统一六国之后，派大将蒙恬率军30万北击匈奴，收复了河南地（今内蒙古河套和伊克昭盟地）后，开始大规模地修建长城。"秦已并天下，乃使蒙恬将三十万众北逐戎狄，收河南。筑长城，因地形，用制险塞，起临洮，至辽东，延袤万余里，于是渡河，据阳山，逶蛇而北。暴师于外十余年"〔《史记·蒙恬列传》〕。

　　秦朝征调了大批的人力把原来的秦赵燕的北部长城进行修缮并连接起来，建成了一条东起临洮（今甘肃泯县），西到辽东，绵延一万两千多里的"万里长城"。

　　长城是一项伟大的军事防御工程，它有效地防止了北方游牧民族侵扰，对保障中原地区生产和生活的安定起了重要作用。

秦长城遗址

灵 渠

秦始皇扫灭六国后派兵南平百越。为运送征服百越所需的军队和物资，命史禄开凿河渠以沟通长江水系的湘江和珠江水系的漓江。初名秦凿渠，因位于漓江的上游称为零水，故又称零渠。唐代以后，方改名为灵渠，因位于广西兴安县境内，又称兴安运河。它自贯通后，两千多年来一直是岭南与中原地区之间的水路交通要道。

灵渠全长36.4公里，以其灵巧著称于世。 古人曾说："治水之巧妙，莫如灵渠者"。

灵渠由铧嘴、大小天平、泄水天平、南渠、北渠、秦堤和陡门等子工程组成。铧嘴是灵渠最主要的分水设施，位于兴安县城东南的湘江中。在建造时四周用长石叠砌，中间用砂卵石回填而成，高6米、宽23米、长90米，前锐后钝，状似犁铧。铧嘴将湘江水分为两股，其中七分水顺大天平回流到湘江，三分水经小天平和南渠流入漓江，即所谓的"湘七漓三"。

灵渠今景

直道与驰道

秦直道遗址
秦统一后共修筑了十条大道，其中最长的一条全长1800多里，可从秦都咸阳到达边地九原郡。

秦驰道遗址
秦统一后，以都城咸阳为中心，大规模兴建向四面八方辐射的陆路和水路，全国由驰道和直道组成主干道，驰道是皇上出行的专用道。

秦统一六国后，秦始皇征发20万民夫，在全国大修直道和驰道。始皇三十五年（前212年），秦始皇令大将蒙恬在距咸阳不远的陕西淳化的云阳郡，修建起一条长900公里、宽50米通向包头以西的九原郡的"直道"。一旦匈奴南下，秦军就可以由此迅速北上到达边地九原郡迎战。直道是除长城之外的一项积极防御匈奴侵扰的重要国防措施。

驰道是以国都咸阳（今陕西咸阳市东）为中心，通向全国各个重要地区，尤其是原六国的国都，沿着长城的十二郡也有驰道相通。驰道"道广五十步，三丈而树，厚筑其外"，"东穷燕齐，南极吴楚，西至临洮、羌中，北捝河为塞，沿阴山至辽东"。

以直道、驰道为主干的覆盖全国的交通网络，无论是传递文书，还是商旅往来，都非常方便，大大加强了中原与边远地区的联系，促进了全国经济的发展，巩固了统一的局面。

驿传和亭障

驿传，又称邮驿，是政府为了传递文书或军事情报而设的一种军事通讯设施。五里为一邮舍，三十里为一驿站。邮是徒步通讯，驿是骑马通讯，以接力的方式迅速传递命令、情报等文书。驿传平时传递公报，战时传军情，军情多是由军人专程传送，在沿途驿站换马不换人，因此传递的速度很快，急件一昼夜可达五百里。

亭、障都是国防守望设施。亭是瞭望台，建在边疆土台（四方土堆）上。障是规模较大的城堡，多建在塞外险要

兽面形嵌绿松石金泡 秦
金泡是马头部的装饰，秦人以牧马著称，养马是他们主要的经济源泉，因此有养马爱马的传统，甚至可以说，没有马，就没有秦朝的辉煌。

之处，士卒驻守其中御敌。亭起瞭望的作用，障起防守的作用。亭障早在战国时期就已经普遍使用，到了秦朝，蒙恬北击匈奴后，"筑长城亭障"对保卫国家的安全起到了积极的作用。

小知识

军情传递

"烽火狼烟"是古代战争中用来传递警情的一种方式，它的预警作用不言自明，有备才能无患，很多时候，它都是战争能够取胜的重要保证。古代的军情通报、军令传递有很多种，除了警情之外，还有军事情报函文、将帅职事任免书、军事行动沟通等等，它们也都有自己独特的传递形式。人们用以传递军情的方式，往往因为目的的不同而千奇百怪，有时，一根头发、一件衣服、一片草叶，或者一个口形、一个眼神、一句暗语等等，也都能传达出各自需要的军事信息。

楚汉战争

时　　间：汉高祖元年(前206年)~五年(前202年)
交战双方：汉；楚
双方将帅：刘邦；项羽
结　　果：刘邦胜利

项羽像

秦二世三年（前207年），刘邦、项羽相继率兵入关。刘邦先入咸阳，理应为关中王，但项羽自持兵多企图消灭刘邦，刘邦卑辞求和。项羽自封为西楚霸王，又分封十八路诸侯王，刘邦被封为汉王。不久，田荣起兵反楚，自立为齐王。项羽调遣主力击齐。刘邦乘项羽无暇西顾之机，迅速平定三秦，接着领军东出，攻陷彭城。项羽亲率3万精兵回击，刘邦兵溃败走，退守荥阳、成皋一线。

刘邦一方面坚守荥阳、成皋一线，一方面袭击楚军的后方和侧翼。韩信接连平定魏、代、赵、燕，进军齐地，包围西楚。刘邦命彭越率兵渡过睢水，直逼彭城。项羽不得不亲自回援。刘邦乘机大破楚军，收复成皋，项羽被迫与刘邦议和，刘邦趁机追击楚军，围歼项羽。项羽被围于垓下，后在乌江自刎而死。历时4年的楚汉战争，最后以刘邦夺取天下，建立汉朝而告终。

图　例

⚔ 关隘
✕ 战场
■ 要邑
⋯▶ 韩信进兵路线
➡ 刘邦进兵路线

楚汉相争示意图

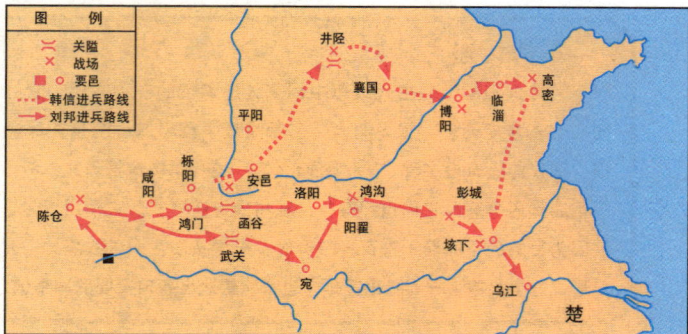

成皋相持战

时　　间：前205年～前203年
地　　点：成皋（今河南荥阳汜水镇）
交战双方：楚；汉
双方将帅：项羽；刘邦
结　　果：刘邦胜利

刘邦乘项羽镇压田荣反楚之机，迅速占领了关中地区，尔后又联络诸侯军56万袭占楚都彭城。

项羽率精兵3万赶回，以少胜多，夺回彭城。刘邦收集残部，与楚军对峙于荥阳、成皋一线。

刘邦派彭越进攻楚地。彭越游击于项羽后方，攻占了睢阳（今河南商丘南）等17城，切断了楚军补给线，项羽被迫回师东击彭越。临走时，项羽告诫成皋守将曹咎："千万不要与汉军交战，只须固守。待打败彭越后，我回师和你再进攻刘邦，必能大胜。"

取荥阳 戏画

刘邦乘项羽率主力东去之机，反攻成皋。曹咎最初还能遵照项羽告诫，坚守不战。可是后来经不住汉军的骂阵，率军出击，结果被刘邦大败于汜水之上。 汉军攻占成皋。

项羽主力返回，同汉军争夺成皋。可是汉军依据险要地形，坚守不战。双方对峙数月，项羽无计可施，只好与刘邦议和，划鸿沟为界，率军东归。

广武涧
曾是刘邦与项羽争霸对峙的地方。

井陉之战

时　　间：前205年
地　　点：井陉（今河北井陉）
交战双方：汉军、赵军
双方将帅：韩信、陈余
结　　果：汉军获胜

公元前205年，刘邦为了牵制项羽，派韩信率军北上，开辟北方战场。

韩信率军3万，对依附项羽的赵国发起攻击。赵王歇、赵军主帅陈余闻讯后，即以号称20万的大军集结于井陉口防守。

韩信半夜时点两千骑兵，命每人带一面汉军旗，迂回到赵军大营的后方埋伏。天亮后，韩信背水列阵，向陈余叫战。陈余见韩信兵少，于是率轻骑蜂拥而出。交战后不久，韩信诈败后退，陈余下令全营出击，这时预先埋伏的两千骑兵则乘机攻入赵军空营，遍插汉军红旗。汉军因背河而战，无路可退，于是人人奋勇杀敌，与赵军决一死战。双方厮杀半日，赵军仍不能取胜，忽然发现营垒已遍插汉旗，赵军以为汉军已经占据了营地，一时军心大乱，汉军趁势反攻，和占营的两千汉军两面夹击，赵军大败。

韩信背水一战，出奇制胜，是中国古代著名的以少胜多的典型战例。

韩信像
楚汉战争中，他独当一面，开辟了北方战场，成功地指挥了井陉、垓下等战役。

小知识

分而治之，各个击破

指针对敌人兵力强大情况，以少量兵力牵制敌军一部，而以主力攻敌另一部，逐一消灭敌人有生力量的战术。

垓下之战

时　　间：前202年
地　　点：垓下（今安徽灵璧）
交战双方：汉；楚
双方将帅：刘邦、韩信；项羽
结　　果：汉军胜利

成皋之战后，刘邦乘楚军疲敝，乘胜追击，并命韩信、彭越南下夹击楚军。韩信、彭越按兵不动，楚军反击，刘邦大败。

为了调动韩信、彭越攻楚，刘邦封韩信为齐王、彭越为梁王，再次进攻项羽。韩信率军南下，彭越率军北上，刘邦率军东进，40万汉军三面进击，与10万楚军对阵于垓下。

垓下遗址

韩信首先进攻项羽，被打败后撤退。其他汉军乘项羽追击韩信时从两翼进攻，夹击项羽，韩信乘机率汉军主力反攻，大败楚军，项羽率军退入营垒之中，陷入汉军重重包围。

深夜，韩信让人唱楚歌，楚军以为楚地已经全部被汉军占领，军心大乱。项羽率800骑南逃，刘邦派大将灌婴率5000骑追击，项羽屡战屡败，迷了路，部下只剩下100余人，退至乌江边（安徽和县）自刎而死。

历时4年的楚汉战争，以刘邦的最终胜利、西汉建立而告终。

张良吹箫破楚军
为瓦解楚军斗志，汉谋士张良教汉军士兵学唱楚歌。等至傍晚，休息的楚军忽然听到四面汉军营里全部唱起了楚歌，楚军士卒以为家乡已被汉占领，军心大乱。

白登之围

时　　间：汉高祖七年（前200年）
地　　点：白登（今山西阳高东南大白登镇）
交战双方：汉朝；匈奴
双方将帅：刘邦；冒顿单于
结　　果：匈奴胜利

汉高祖六年（前201年）秋，汉将韩王信投降匈奴，匈奴南下。七年十月，刘邦亲率大军北上，于晋阳(今山西太原市)击败匈奴和韩王信联军后，乘胜追击。为诱使汉军北上，冒顿单于将精锐士兵隐藏起来，以老弱病残示于外。刘邦中计，亲率少量骑兵进军，到白登山（在今大同市东北马铺山）时，被匈奴40万精锐骑兵团团围困。汉军被围七天七夜，粮草耗尽，形势十分危急。谋士陈平献计，贿赂冒顿单于的妻子阏氏(匈奴单于妻之称号)。

"单于和亲"瓦当　西汉前期
瓦当上的"单于和亲"文字反映出汉匈和亲确实堪称当时的一件盛事。

由于阏氏的劝说和相约配合作战的汉降将未能如期而至，单于怀疑这些降将与汉有谋，所以解围一角，放走刘邦。当时大雾弥漫，刘邦令弓弩手拉弓朝外，逃出白登山，引军南归，匈奴也随之撤军。

从此以后，刘邦知道暂时没有力量与匈奴对抗，就采取了防御战略，与匈奴和亲。

虎噬驴纹纹带饰　西汉
透雕，内容反映了匈奴的生活场景。

高祖诛杀异姓王

时 间：汉高祖五年（前202）到十二年(前195)
交战双方：汉军；异姓王军
双方将帅：刘邦；韩信、英布、彭越等
结 果：汉军获胜

楚汉战争中，为了争取反对项羽的力量，刘邦分封了一批异姓诸侯王，如齐王韩信、淮南王英布、梁王彭越等。战争结束后，这些异姓王拥兵自重，对西汉中央政权构成了严重威胁，于是刘邦决定剪除异姓王。

刘邦首先消灭的是最先反汉的燕王臧荼。其次消灭的是韩信，韩信能征善战，先被封为齐王，后刘邦夺其兵权，改封为楚王，刘邦以游云梦泽为名，大会诸侯王，趁机逮捕韩信，贬为淮阴侯，后以谋反罪名将其诛杀。

刘邦在处决韩信之后的6年间，又相继把为汉朝建立立下汗马功劳的梁王彭越、淮南王英布一一诛杀，另封的燕王卢绾和韩王信逃往匈奴，连他的女婿赵王张敖的封国也被取消，贬为宣平侯。长沙王吴芮兵微将寡，处于汉朝和南越之间可以起到缓冲作用，一直到汉文帝时因无后而国除。

铲除异姓王，加强了西汉中央集权，巩固了刘家天下。

刘邦气英布　　　　　　斩韩信

歌风台

当年汉高祖平定了英布叛乱后，于归途中经故乡沛县，酒酣之时，有感于昔日亡秦灭楚的戎马生涯，欣喜于既成帝业，即兴击筑而歌："大风起兮云飞扬，威加海内兮归故乡，安得猛士兮守四方。"后沛人于鸣唱处筑"歌风台"以纪念。

七国之乱

时　　间：前154年
交战双方：汉朝；叛军
双方将帅：周亚夫；刘濞等
结　　果：汉朝胜利

晁错像

刘邦在翦灭异姓王后，又大封同姓王，企图靠血缘关系来维护汉朝的统治。这些同姓王拥兵自重，势力强大，对中央政权构成了严重威胁。

汉景帝采纳御史大夫晁错的建议削藩，引起诸侯王们的不满，于是以吴王刘濞、楚王刘戊为首的吴、楚、赵、胶东、胶西、济南、淄川七国，打着"诛晁错，清君侧"的旗号，发动叛乱。景帝被迫杀了晁错，但七国之乱不但没有停止，反而愈演愈烈。景帝只好派太尉周亚夫、大将军窦婴率军平叛。

汉景帝的弟弟梁王坚守睢阳，遏制了叛军的攻势，周亚夫以坚壁固守的战术，多次挫败吴楚联军的进攻。叛军兵疲师劳、缺少粮草，只得退兵，周亚夫率军追击，大败之，刘濞逃窜，被东越人所杀，刘戊自杀，其它五国也很快被平定。

平定了七国之乱后，汉景帝借机削减诸侯国领土，并把诸侯任免官吏的权力收回，中央政权得以巩固。

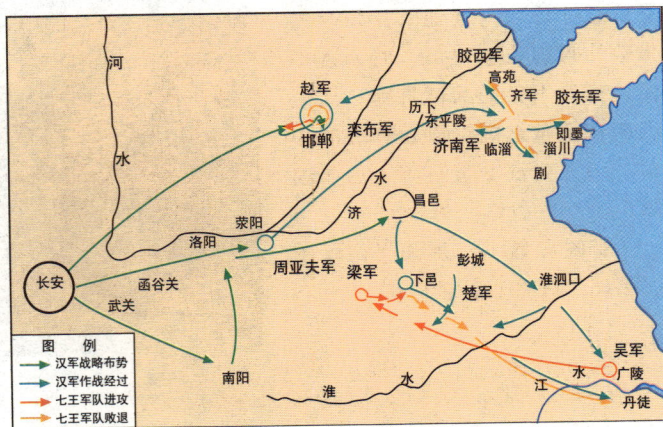

平定七国之乱示意图

河南、漠南之战

时　　间：元朔二年（前127年）到五年（前124年）	
地　　点：河南（今黄河河套南内蒙鄂尔多斯一带），漠南（蒙古大沙漠以南）	
交战双方：汉朝；匈奴	
双方将帅：卫青；楼烦王、白羊王、右贤王	
结　　果：汉朝胜利	

武帝元朔二年（前127年），匈奴进犯上谷（今河北怀来东南）、渔阳（今北京密云西南）等地。汉武帝避实击虚，派大将卫青率大军进攻匈奴所盘踞的河南地。卫青引兵北上，突袭占据河套及其以南地区的匈奴楼烦王和白羊王，全部收复了河

高阙遗址

元朔五年，卫青以3万骑出高阙，夜袭右贤王庭，俘获1.5万人，右贤王出逃。至此，将匈奴赶到了漠北，彻底解除了匈奴对长安的威胁。

南地。汉武帝迁内地民众10多万到该地屯田戍边。此战拔掉了匈奴进犯中原的据点，解除了匈奴对长安的威胁。

匈奴不甘心失去河南，数次出兵袭扰边郡，企图夺回河南地。元朔五年（前124年），汉武帝派遣卫青率军10万进入漠南，进攻匈奴右贤王；李息等出兵右北平（今内蒙古宁城西南），牵制单于、左贤王部。卫青出塞六七百里，长途奔袭，乘夜突袭右贤王，右贤王仅带数百人逃走。汉军俘敌1.5万人，牲畜100万头，凯旋回师。这次胜利，进一步巩固了河南要地，迫使匈奴主力退到漠北，彻底消除了匈奴对长安的威胁。

画像石上的汉匈战争图

魏晋南北朝军事

魏晋南北朝时期包括三国、两晋、南北朝三个时期，历时近400年。

这一时期的特点是群雄割据、战乱频繁、分裂与统一交替出现。东汉末年，外戚宦官专权，各地纷纷暴乱。曹操"挟天子以令诸侯"，经过官渡和赤壁之战后统一了北方，后曹丕建魏，孙权在长江中下游地区建立吴国，刘备在汉中地区建立蜀国，形成三国鼎足的局面。265年，司马氏篡夺曹魏政权，先后灭蜀吴，完成了全国的统一。

西晋的统一十分短暂，317年，全国又重新陷入分裂局面。之后，中国先后进入东晋和十六国，南朝和北朝对峙时期。直至589年，隋朝灭陈，全国才又实现统一。

义兵讨董卓

时　间：190年
地　点：洛阳
交战双方：董卓军；联军
双方将帅：董卓；袁绍
结　果：联军胜利

　　董卓，字仲颖，陇西临洮人。《三国志》记载他"少好侠，尝游羌中，尽与诸豪帅相结"，性残忍而有谋断。后因军功官居并州刺史。

　　184年，汉灵帝封董卓为中郎将，命他镇压黄巾起义。189年，汉灵帝死，外戚何进立其外甥刘辩为帝，即汉少帝，同时召并州刺史董卓进京，准备将宦官一网打尽。不料事泄，何进反被宦官所杀。袁绍率军进京，杀宦官2000人。不久，董卓进京，驱走袁绍，废掉少帝，立刘协即位，即汉献帝。董卓把持朝政，胡作非为。

　　190年，关东各州郡的地方官吏和豪强，组成了以袁绍为首的盟军讨伐董卓，黄巾军余部也进入关东地区。董卓抵挡不住，烧掉洛阳，挟持汉献帝迁都长安，后被部将吕布杀死。董卓的另外两个部将李傕和郭汜，分别挟献帝和百官，互相攻打。关东联军在董卓西迁后散去，各自割地称雄，混战不已。

水陆攻战画像石　东汉

连环计　年画
本图绘王允利用美貌的貂禅来离间董卓和
吕布的感情，从而达到诛杀董卓的目的。

官渡之战

时　　间：200年
地　　点：官渡
交战双方：曹军，袁军
双方将帅：曹操，袁绍
结　　果：曹军胜利

东汉末年，军阀混战。袁绍占据冀、青、幽、并四州，成为北方实力最强的军阀。他自恃兵多将广，地大粮足，意欲统一全国。遂于建安四年（199年）亲率步兵10万，骑兵2万南下，进攻曹操占据的许昌。曹操兵微粮少，以2万兵力与袁绍对峙于官渡(今河南中牟东北)。

曹操派兵出击，被袁绍击败，只好挖深沟、筑高垒，坚守不出。袁军见状，便堆起土山，筑橹楼，用箭俯射曹营。曹操命工匠连夜赶造霹雳车，掷飞石还击，摧毁了袁军的橹楼。袁军又挖地道以偷袭曹营，曹军在营外掘深壕以拒之。

两军在官渡相持数月之久。后袁绍谋士许攸投奔曹操，献计奇袭袁军的囤积粮草的乌巢。曹操亲率士卒夜袭乌巢，放火烧粮。袁军听后，军心大乱。曹操乘势全线出击，一举歼灭了袁军主力。袁绍仅率800余骑逃回河北，曹操大获全胜，为日后统一北方奠定了坚实的基础。

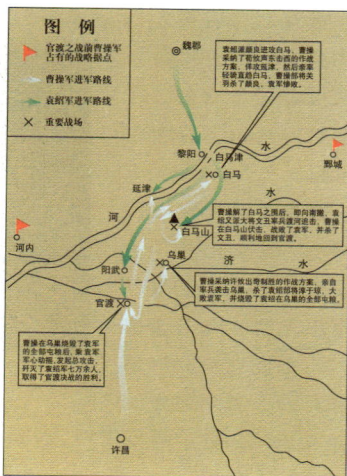

官渡之战示意图

官渡之战遗址

曹操征乌桓

时　　间:	207年
地　　点:	河北、辽宁
交战双方:	东汉；乌桓
双方将帅:	曹操；蹋顿单于
结　　果:	曹军胜利

官渡之战后不久，袁绍病死，其子袁尚、袁熙投奔居今冀东、辽宁一带的乌桓，以图东山再起。

曹操为消灭袁氏残余势力，统一北方，于建安十二年(207年)夏，率军出无终（今天津蓟县），东征乌桓。但是连日大雨，道路阻塞，曹操采纳当地人田畴

曹军征乌桓所经过的羊肠坂道
207年，曹操东征乌桓。时逢连日大雨，曹操采纳田畴建议，选择偏僻小道，攻敌不备，出奇制胜，最终取得了战争的胜利，统一了北方。

的建议，走偏僻小道，攻其不备。曹军以田畴为向导，上徐无山（今河北遵化东），轻骑出卢龙塞（今河北喜峰口一带），在崇山峻岭中疾行数百里。

八月，曹军进至距柳城（今辽宁朝阳附近）约200里处，乌桓单于蹋顿仓皇调军迎击，两军对峙于白狼山（今辽宁喀喇沁左旗境）。曹操登高望见乌桓军阵列不整，遂以张辽为先锋，率军急袭。乌桓军顿时大乱，蹋顿被斩，全军崩溃。曹操乘胜攻占柳城，并迁乌桓及汉民20余万入塞。袁氏兄弟投奔辽东太守公孙康。公孙康杀二人，归附曹操。自此，曹操统一了北方。

苦寒行

北上太行山，艰哉何巍巍！
羊肠坂诘屈，车轮为之摧。
树木何萧瑟，北风声正悲！
熊罴对我蹲，虎豹夹路啼。
溪谷少人民，雪落何霏霏！
延颈长叹息，远行多所怀。
我心何怫郁？思欲一东归。
水深桥梁绝，中路正徘徊。
迷惑失故路，薄暮无宿栖。
行行日已远，人马同时饥。
担囊行取薪，斧冰持作糜。
悲彼东山诗，悠悠令我哀。

曹操在征战乌桓后所作的《苦寒行》诗

赤壁之战

时　　间：建安十三年（208年）
地　　点：赤壁（今湖北蒲圻县）
交战双方：曹军；孙刘联军
双方将帅：曹操；周瑜、黄盖
结　　果：联军胜利

官渡之战后，曹操又消灭了袁绍的残余实力，统一了北方。建安十三年（208年）七月，曹操挥师南下，先灭刘表，后又击败刘备，准备进攻江南的孙权，统一全国。

周瑜像

孙权命周瑜为将，率3万精锐水军，联合刘备军与曹军对峙于赤壁。曹操的将士都是北方人，不习惯船上生活，曹操下令用铁索将战船连锁在一起，以减轻风浪颠簸。周瑜采纳部将黄盖所献火攻计。黄盖致书曹操诈降，曹操中计。黄盖乘10艘蒙冲斗舰，满载浸泡油脂的干柴，外用帷幕伪装，靠近曹营时，黄忠点燃各舰后乘小船退回，火借风势，冲入曹营。曹军船阵被烧，火势蔓延到岸上营寨，曹军顿时一片混乱。孙刘联军乘势进攻，曹军死伤过半，曹操率残部逃回北方。联军乘胜扩大战果，孙刘两军瓜分荆州。

赤壁之战后，形成了南北对峙、天下三分的局面。

三国鼎立局势图
赤壁之战奠定了魏、蜀、吴三国鼎立的局面，对后来中国政治格局的变化起了决定性作用。

吕蒙袭荆州

时　间：219年
地　点：湖北一带
交战双方：吴军；蜀军
双方将帅：吕蒙；关羽
结　果：吴军胜利

关羽秉烛读《离骚》
关羽，字云长，河东（今山西解县）人，三国是蜀汉大将。早年与刘备、张飞桃园结义，二人共同辅佐刘备成就了蜀汉大业。其为人忠直仁义，知恩必报，成为我国古代"忠义"的代表，又被后人尊称为"关公"、"武圣"等。

赤壁之战后，刘备和孙权瓜分了荆州，刘备又以抵抗曹操为名借了孙权占领的荆州的南郡。后来，刘备又占据了益州和汉中，孙权向刘备索要南郡，遭到拒绝。

219年，镇守荆州的关羽留下南郡太守糜芳守公安，将军傅士仁守江陵，自己亲率大军进攻曹魏的襄阳、樊城。

驻守陆口的吴将吕蒙向孙权建议趁机夺回荆州。219年，孙权任命吕蒙为大都督，进攻江陵。吕蒙将战船伪装成商船，将精兵藏在船舱内，摇橹的士兵身穿白衣，扮成商人模样，日夜兼程。吴军抵达公安后，蜀将傅士仁投降，傅士仁又劝糜芳投降。吴军兵不血刃就占领了荆州的两个重镇。

关羽得知荆州失守后，急忙撤军回援。关羽将士得知公安、江陵已经失守，吕蒙又善待他们的家属后，纷纷逃散。关羽势单力薄，败走麦城（今湖北当阳东南），后被吴军俘杀于彰乡（今湖北当阳东北）。孙权占据了荆州。

湖北当阳玉泉山
为当年关羽兵败之地。

夷陵之战

时　　间：222年
地　　点：夷陵（今湖北宜昌）
交战双方：吴军；蜀军
双方将帅：陆逊；刘备
结　　果：吴军胜利

陆逊像
陆逊（183～245年），字伯言，吴郡吴县华亭（今上海松江）人，三国时期吴国军事家。

孙权背盟，派吕蒙偷袭荆州，杀死关羽，对刘备来说是个沉重打击。章武元年（221年），刘备称帝，以为关羽复仇的名义，率8万精兵大举伐吴。

蜀军先头部队打败了防守巫县（今湖北巴东）的吴军，进占秭归（今湖北秭归）。刘备派大将黄权驻扎在长江北岸，防止魏军袭击侧翼。吴军主将陆逊诱敌深入，后撤数百里，然后安营扎寨，坚守不战。

蜀军各路大军进展迅速，深入吴境，沿途扎营数十座，直抵猇亭（今湖北宜都北）。蜀军将吴将孙桓包围在夷道（湖北宜都），陆逊拒绝分兵救援。

蜀军的粮道要经过山区，运输困难，加上天气暑热，蜀军士气十分低落。刘备只好把军营移驻到深山老林里。看到时机成熟，陆逊命令士兵每人带一把茅草，趁夜潜至蜀军营地，放火连营，蜀军大乱，陆逊乘势反攻，蜀军死伤无数。刘备率残部逃到白帝城，不久病死。

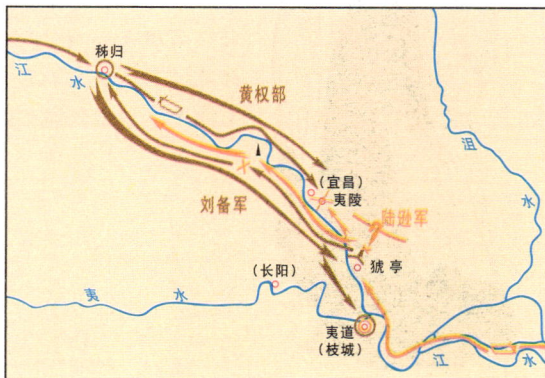

夷陵之战示意图

诸葛亮南征

时　　间：蜀汉建兴三年（225年）
地　　点：南中（今云南、贵州及四川南部）
交战双方：蜀国；叛军
双方将帅：诸葛亮；雍闿、孟获等
结　　果：蜀国胜利

　　刘备死后，南中益州郡（今云南晋宁）大姓雍闿，杀太守正昂，叛蜀投吴。雍闿又诱永昌郡人彝族首领孟获，使之煽动各族群众叛蜀。紧接着，越嶲郡（今四川西昌）的叟族首领高定元、郡（今贵州西部）太守朱褒，群起响应，相继叛乱。

　　为了使蜀汉有个稳定的后方，也为了获得北伐的兵源和物资，诸葛亮决定率军南征，经过激战，大败叛军，杀死高定元，进占越嶲郡，兵锋直指叛军的最后据点益州郡。

　　这时叛军内讧，叛乱头目雍闿被高定元的部下杀死，彝族首领孟获率领雍闿余部和本族人马南逃，继续对抗蜀军。

　　诸葛亮率军渡过泸水，追击孟获。蜀军设伏，生擒了孟获。孟获以中计被俘，心里不服。诸葛亮采用攻心为上的策略释放孟获，让他再战。结果，孟获再次被擒。经过七擒七纵，孟获诚心归降，南中全部平定。

孟获像
孟获是南中（今云、贵两省部分地区及四川南部一带）地区少数民族首领。

诸葛亮像
诸葛亮(181～234年)，字孔明，三国时期杰出的政治家、军事家。生前用兵如神，善于治军，又能恪尽职守，忠心耿耿，被后代封建统治者推为"鞠躬尽瘁、死而后已"的忠君典范。

诸葛亮北伐

时　　间：蜀汉建兴四年（226年）～ 十二年（234年）
地　　点：陕西、甘肃
交战双方：蜀国；魏国
双方将帅：诸葛亮；司马懿
结　　果：蜀国失败

　　蜀汉自诩为正统，视曹魏为篡逆，因此诸葛亮奉行联吴抗魏的政策，北伐曹魏。

　　第一次北伐是在蜀汉建兴六年（228年）春，诸葛亮出师攻魏，初战顺利。可大将马谡被魏将张郃所败，丢失要地街亭，诸葛亮只得退回汉中。

　　第二次北伐是在蜀汉建兴六年冬，诸葛亮包围陈仓（今陕西宝鸡西南），攻打20多天未破，魏的援军赶到，诸葛亮退兵。

诸葛亮营　三国

此营位于云南省保山地区，传说是诸葛亮七擒孟获时的兵营所在地。

　　第三次北伐是在建兴七年，诸葛亮打败魏军，攻占武都、阴平。次年，魏军进攻汉中，被击退。

　　第四次北伐是在建兴九年，诸葛亮出祁山，魏军统帅司马懿坚守不出。诸葛亮粮尽退兵，途中伏杀魏将张郃。

　　第五次北伐是在建兴十二年春，诸葛亮率10万大军，扎营五丈原。司马懿拒不出战，想等蜀军粮尽再进攻。诸葛亮分兵屯田，准备长期作战。八月，诸葛亮病死，蜀军退兵。

　　蜀国以弱攻强，以攻为守，起到了救亡图存的作用。

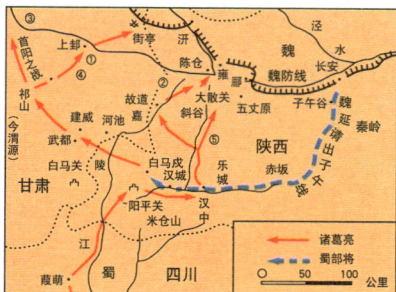

诸葛亮北伐路线图

魏灭蜀之战

时　　间：	三国魏景元四年（263年）
地　　点：	四川、甘肃、陕西
交战双方：	魏国、蜀国
双方将帅：	钟会、邓艾、姜维
结　　果：	蜀亡

姜维像

　　三国蜀汉末期，蜀后主刘禅昏庸无能，宦官黄皓专权，政治日益腐败，国势每况愈下，大将姜维为避祸，率军远避沓中（今甘肃岷县）屯田，削弱了汉中的防御。

　　魏元帝景元四年(263年)，魏权臣司马昭派派兵分三路大举伐蜀：一路由邓艾率3万余人自狄道(今甘肃临洮)向沓中进攻姜维统率的蜀军主力；一路由诸葛绪领3万人自祁山挺进阴平，以断绝姜维归路；一路由钟会率10万人，欲乘虚进攻汉中，再取成都。

　　邓艾到达沓中，姜维闻汉中已失，撤至阴平，突破诸葛绪截击后，退守剑阁，与钟会的大军对峙。邓艾绕过剑阁天险，偷渡阴平小道，进攻江油，江油守将投降。邓艾进攻涪城，诸葛瞻（诸葛亮之子）在涪城拒守不胜，退至绵竹，后与其子诸葛尚均战死。绵竹陷落后，成都已无险可守。刘禅只好开城降魏，同时遣使令姜维投降。魏军占领成都，蜀汉亡。

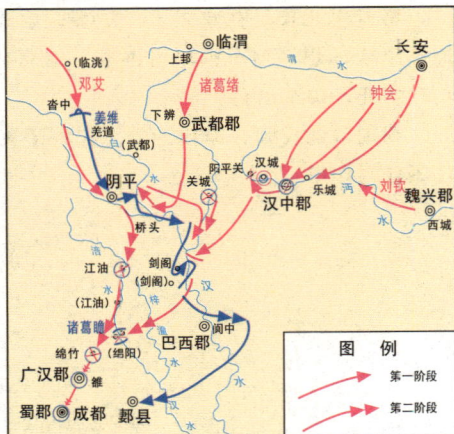

魏灭蜀汉之战示意图

晋灭吴之战

时　　间：晋咸宁五年（279年）～六年（280年）
地　　点：江南
交战双方：晋、吴
双方将帅：王濬、杜预；孙皓
结　　果：吴亡

　　咸熙二年（265年），司马昭之子司马炎废魏元帝曹奂，登皇帝位，即晋武帝，改国号为晋，史称西晋，改元泰始，建都洛阳。

羊祜像

　　晋武帝为灭吴做了大量的准备。晋泰始五年（269年），晋武帝以羊祜都督荆州诸军事，训练士卒，屯积军粮，加紧备战。泰始八年（272年），司马炎以王濬为益州刺史，命他制造战船，训练水军，准备东下灭吴。吴主孙皓残忍暴虐，肆意挥霍，导致大臣离心离德，国势日衰，对晋的伐吴准备视而不见，迷信长江天险。咸宁五年（279年），晋武帝见时机成熟，下令伐吴。

　　王濬率水军顺江而下，突破吴军在江中设置的铁索铁锥，一路上势如破竹。与此同时，杜预率领的晋军所到之处，大多不战而胜，进展神速。晋军逼近建业（今江苏南京），吴军或降或逃。孙皓投降，吴亡。

　　至此，自汉末以来90余年的分裂局面宣告结束，天下归于统一。

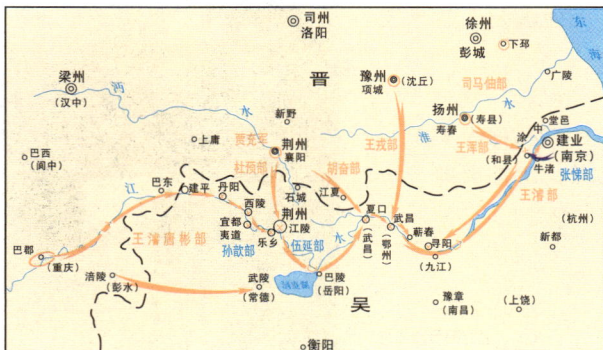

晋灭吴之战示意图

石勒开国

时　　间：312年
地　　点：襄国（今河北邢台）
交战双方：石勒军、王浚军
双方将帅：石勒、王昌
结　　果：石勒胜利

石勒统一北方战争示意图

石勒（274～333年），字世龙，上党武乡（今山西榆社北）人，羯族。

晋惠帝末年（306年）并州大饥荒，石勒被掠卖到茌平（今山东茌平县西）为耕奴，后来石勒逃跑，参加了汲桑领导的牧人起义。

永嘉六年（312年），石勒进军襄国（今河北邢台）。西晋的幽州太守王浚命大将王昌，联合鲜卑兵10万，向襄国进逼，石勒派军迎战，但被王浚军中骁勇善战的鲜卑兵所击败。

当时襄国粮食不足，城低池浅，外无救兵，形势十分危急。石勒采纳谋士张宾坚守襄国，待敌军疲敝之时发动反击的计策。当王浚军抵达襄国后，发起猛攻，石勒率军死守。由于强攻不下，王浚军士气低落，戒备松懈。石勒见时机成熟，率精兵发动突袭，敌军大乱，纷纷逃命，石勒乘胜追击，大获全胜。后又击破幽州，斩杀王浚。

大兴二年（319年）石勒称大单于、赵王，定都襄国，史称后赵。

后赵邺城楼遗址

八王之乱

时　　间：西晋元康元年（291年）～光熙元年（306年）
地　　点：北方
交战双方：八王：外戚
双方将帅：八王：贾后
结　　果：西晋由盛而衰

西晋建立后，晋武帝司马炎以曹魏亡国为鉴，为了捍卫皇室，大封同姓宗室为王，并不断扩大诸王的权力。

晋武帝死后，晋惠帝即位。晋惠帝是个白痴，朝政被其皇后贾南风把持。她肆意妄为，引起诸王的不满。

永康元年（300年），贾后杀太子，赵王伦、齐王同率兵入朝，将其杀死。赵王伦自封相国，不久称帝。齐王同起兵兴讨，成都王颖、河间王颙响应。赵王伦兵败被杀，惠帝复位，拜齐王同为相国。齐王同大权在握，恣意行事，河间王颙、成都王颖等讨齐王，长沙王乂又杀齐王同。次年，河间王颙、成都王颖讨长沙王乂，将其杀死，相继主政。此后，东海王越与河间王颙、成都王颖长年混战，至光熙元年（306年），东海王越先后杀成都王颖和河间王颙，毒死惠帝，立惠帝之弟司马炽即位，是为怀帝，八王之乱方告结束。

八王之乱是西晋由盛而衰的转折点。

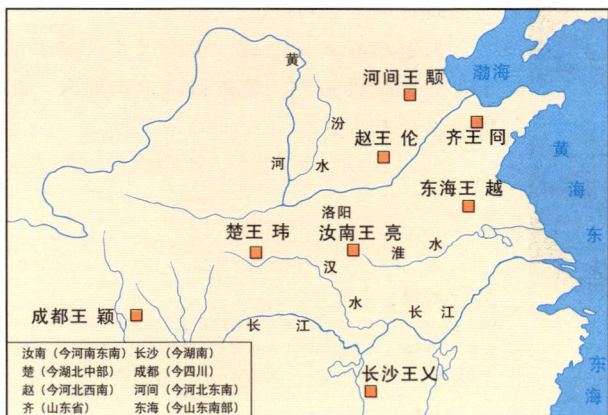

人形灯台　西晋
魏晋时期，贵族通宵达旦夜饮宴乐，这件精美的人形灯台就是当时的照明工具。

汝南（今河南东南）　长沙（今湖南）
楚（今湖北中部）　成都（今四川）
赵（今河北西南）　河间（今河北东南）
齐（山东省）　东海（今山东南部）

西晋时期八王封国略图

祖逖北伐

时　　间：	建兴元年(313年)
地　　点：	北方
交战双方：	晋军；少数民族
双方将帅：	祖逖；石勒
结　　果：	北伐失败

　　祖逖，字士稚，范阳逎县（今河北涞水）人，出身世族。

　　西晋末期，八王之乱，北方少数民族趁机入侵，北方大族纷纷南渡避乱，祖逖率亲党数百家渡江，居于京口。

　　建兴元年(313年)，晋左丞相司马睿(后为东晋元帝)坐镇建康(今南京)。祖逖要求领兵北伐，收复失地。司马睿授祖逖为奋威将军，仅给千人口粮，布3000匹，不给兵器，使自募兵。

　　建兴元年(313年)祖逖率部曲百家渡江，至中流击楫而誓：“如不扫清中原，誓不再回江东！”至淮阴(今淮阴西南)铸造兵器，募得2000余人北上。祖逖联络中原各坞壁，屡破石勒，收复黄河以南的地区。正当祖逖囤积粮草，操练兵马，准备收复河北时，晋元帝司马睿怕祖逖功高难制，任戴渊为征西将军，节制祖逖。

　　祖逖眼看北伐无成，忧愤成疾，死于军中。石勒趁机南下，重占黄河以南地区，北伐成果丧失殆尽。

晋元帝司马睿像

祖逖闻鸡起舞图

祖逖（266～321年），字士稚，范阳逎县人。慷慨有节操，博览古今书籍。时晋室大乱，祖逖率部曲渡江，中流击楫而誓：“不能清中原而复济者，有如大江！”元帝时自募军，收复黄河以南故土。

刘渊灭晋

时　　间：晋建兴四年（316年）
地　　点：北方
交战双方：晋军；起义军
双方将帅：晋怀帝、晋愍帝；刘渊、刘聪
结　　果：西晋亡

八王之乱后，由于连年的灾荒和内战，以及统治者的横征暴敛，内迁的各少数民族和汉族被迫背井离乡，流亡异地，当时，流民达百万以上。

流民衣食无着，四处游荡，对西晋政府来说既影响了财政收入，又是个潜在威胁，所以强迫他们返回故乡。西晋官吏趁人之危，对流民肆意勒索甚至屠杀，终于爆发了流民大起义。

元康六年（296年），关中地区的羌族、氐族首先发动起义，各地流民纷纷响应。

304年，匈奴贵族刘渊在左国城（今山西离石）起兵反晋，自称汉王，又称大单于。他通过种种手段，收编了许多流民起义军，攻占了许多地主武装的坞堡壁垒，壮大了力量。

308年，刘渊在平阳（今山西临汾）称帝，国号汉。刘渊死后，刘聪继位，不久汉军攻破洛阳，俘晋怀帝。晋军在长安拥立晋愍帝。316年，汉军攻陷长安，俘晋愍帝，西晋亡。

匈奴人黄金铠甲

小知识

刘渊

刘渊字元海，新兴（今山西忻县）匈奴人。于永安元年（304年）八月起兵反晋，自称大单于。同年十月，刘渊对众宣称："昔汉有天下之长，恩结于民。吾者汉氏之甥，结为兄弟。兄亡弟绍，不亦可乎！"于是，建国号为汉，刘渊即汉王。

桓温北伐

时　间：	354～369年
地　点：	北方
交战双方：	晋军；少数民族
双方将帅：	桓温；苻健、姚襄
结　果：	北伐失败

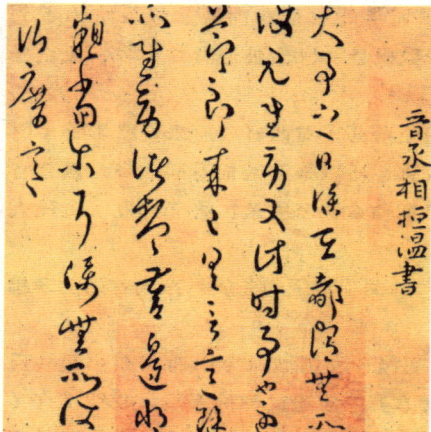

大事帖 东晋 桓温

桓温(312～373年)，字元子，东晋大将，谯国龙亢(今安徽怀远)人，晋明帝女婿，曾率军3次北伐，欲收复中原。

第一次北伐是在永和十年(354年)，他亲率步骑4万余人，击败氏族苻健军，直抵霸上(今陕西长安东)，受到当地人民的欢迎。后因军粮不继，返回江南。

第二次北伐是在永和十二年(356年)，桓温打败羌族贵族姚襄，收复洛阳。桓温向晋穆帝建议还都洛阳，但皇帝和士族都安于江南一隅，不愿北还。桓温返回江南，洛阳又落入胡人之手。

第三次北伐是在太和四年(369年)，桓温率步骑5万人大败前燕军，逼近燕都邺（今河北临漳）。后前燕得到前秦的支援，截断了晋军的粮道，桓温只得退兵，又遭到前燕骑兵的追击，死伤3万人，大败而回。

祖逖和桓温的北伐虽然没有成功，但是却阻止了北方游牧民族对江南的侵扰，保护了江南地区的经济文化发展。

东晋大司马桓温自认为才干威望盖世，世人都不可及，常慨叹"男子汉不能流芳百世，亦当遗臭万年"。他三次北伐，欲建功业以提高政治威望，然而第三次北伐枋头大败，声望江河日下。参军郗超建议他废帝以重立威权。他觉得此计可行，东晋太和六年(公元371年)十一月，大司马桓温废晋帝司马奕为东海王，改立丞相、会稽王司马昱为帝，是为简文帝。

淝水之战

时　　间：383年
地　　点：寿阳（今安徽寿县）
交战双方：前秦；东晋
双方将帅：苻坚；谢安、谢玄
结　　果：前秦失败

　　357年，苻坚称前秦天王，后统一北方。苻坚踌躇满志，欲率军渡江南下，一举灭亡东晋，统一天下。

　　383年，苻坚亲率步兵60万、骑兵27万、羽林郎（禁卫军）3万，共90万大军从长安南下，妄图一举灭晋。

　　东晋丞相谢安，派将军谢石、谢玄等率精锐北府兵8万沿淮河西进，阻击秦军。

　　双方对峙于淝水（今淝河，在安徽寿县南）。谢玄派人要求前秦军稍向后退，以便晋军渡河与之作战。苻坚企图乘晋军渡河时，发动突然袭击，所以不顾劝阻，命令部队后撤。结果秦军顿时陷入混乱之中，一退不可收拾，东晋大将朱序趁机在阵中大喊"秦军败了"，不明真相的秦军军心大乱，四散奔逃。晋军乘势渡河发起猛攻，秦军全线崩溃，争相逃命，互相践踏，死伤无数。苻坚也被流矢射中，仓惶北逃。

　　淝水之战后不久，前秦灭亡，北方重新陷入分裂割据状态。

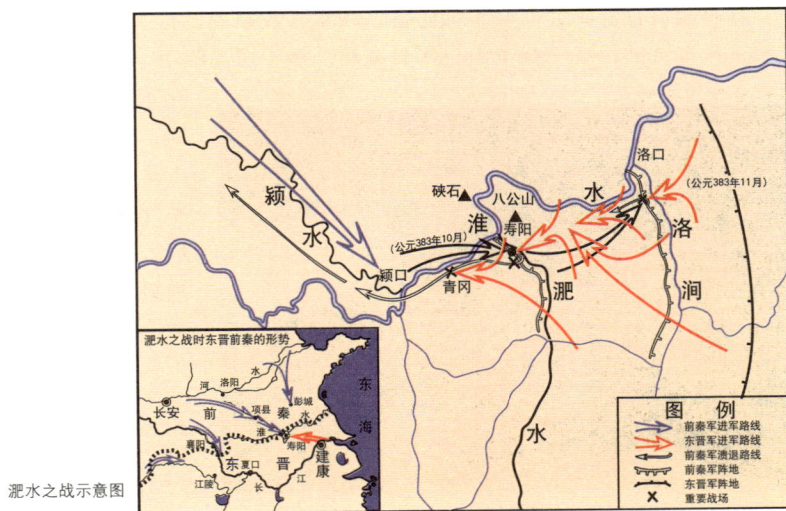

淝水之战示意图

参合陂之战

时　　间：395年
地　　点：参合陂（今内蒙古凉城东北）
交战双方：后燕、北魏
双方将帅：慕容宝、拓跋珪
结　　果：北魏胜利

384年，鲜卑族慕容部慕容垂恢复了燕国，建都中山（今河北定县），史称后燕。公元386年，拓跋部拓跋珪建立魏国，定都盛乐（今内蒙古和林格尔），史称北魏。两国为争霸北方，互相攻伐。

395年，后燕太子慕容宝率军8万，大举进攻北魏。拓跋珪率部西渡黄河，避燕军锋芒。

北魏都城来城遗址
386年，拓跋珪在盛乐称王，定国号为魏，史称北魏，后迁都平城。

燕军抵达黄河后，乘船渡河，不料突起大风，数十艘船漂到对岸，300名燕军被俘。魏军放还战俘，并假传慕容垂病死。燕军听后，人心浮动，无心作战。魏军乘机渡河，燕军败退至参合陂，在蟠羊山下扎营。

慕容宝终日游猎，丝毫不加防备。魏军日夜兼程，行军神速。一天晚上，魏军进入参合陂，登上蟠羊山。次日凌晨，魏军居高临下，从山上纵兵掩杀，燕军仓促应战，一触即溃，慕容宝只带领千余人逃走。魏军将数万燕军俘虏全部活埋。此战后，后燕日渐衰落，北魏势力进入中原。

嘎仙洞
位于今内蒙古鄂伦春自治旗阿里河镇北大兴安岭北段东端的嘎仙洞，是鲜卑族的发祥地。

刘裕灭南燕

时　　间：409～410年
地　　点：广固（今山东益都）
交战双方：东晋；南燕
双方将帅：刘裕；慕容超
结　　果：东晋胜利

鎏金铜酒盏 五胡十六国
辽宁省北票市北燕冯素弗墓出土。

南燕是前秦灭亡后，由鲜卑族建立的一个政权，建都广固（今山东益都）。南燕军队经常南下，在淮北一带大肆掠夺，给当地人民带来了沉重灾难。

刘裕（363～422年），字德舆，幼名寄奴，彭城绥舆里（今江苏省铜山县人），出身微寒，后参加北府兵，因作战勇敢，成为东晋的重要将领。

409年，刘裕率军10万，北上讨伐南燕，所过之处筑城并留兵守卫，以防燕军切断运粮的道路。

南燕君主慕容超自恃拥有精良骑兵，想诱敌深入，准备用骑兵迎战晋军，不料在临朐被晋军的战车击败，慕容超狼狈逃回广固。刘裕乘胜追击，攻克外城。慕容超退据内城死守，并派兵向后秦求救。刘裕让被俘的南燕将领绕城大呼"后秦已经被大夏所败，无力救援"，城中军民一片恐慌。刘裕又制造出大量的攻城器具，猛攻广固，南燕大将开门投降，慕容超被俘杀，南燕亡。

马镫 五代十国
东晋五胡时期，北方政权更迭极快，军事割据力量丛生，各地军阀对骑兵装备颇为重视，马镫的出现被认为是中国军备史的一大进步，从此轻兵开始出现，军队的机动作战能力大大增强，这副马镫就是当时北方少数民族的轻兵所用，直到现在仍坚固牢靠。

刘裕灭后秦

时　　间：	416～417年
地　　点：	长安（今陕西西安）
交战双方：	东晋；后秦
双方将帅：	刘裕、沈田子、王镇恶；姚泓、姚丕
结　　果：	晋军胜利

　　后秦是前秦灭亡后，由羌族贵族姚苌建立的政权，一度强盛，时常侵扰东晋。刘裕灭南燕后，积极准备讨伐后秦。

　　416年，后秦主姚兴病死，太子姚泓继位，兄弟互相残杀争夺帝位，关中大乱，后秦又不断受到西边的西秦和北边的大夏的侵扰，刘裕见时机成熟，于是亲率大军，从建康（今南京）出发，大举伐秦。

铁刀 东晋
此刀刀尖上翘，把柄较长，把柄剖面近方形，柄下部有一凸起，便于持握使用。

　　晋军首先攻克洛阳，又攻克潼关，接着晋军分三路夹击长安：一路由刘裕亲率主力攻长安，一路由沈田子率部由武关配合夹击，一路由派朱超石北渡黄河进攻蒲阪(今山西永济西)，掩护主力翼侧。沈田子以少胜多，大败后秦主姚泓，关中郡县纷纷降晋。刘裕挥师猛进，晋将王镇恶率水军乘蒙冲小舰，行至渭桥（今长安北）后弃舟登岸，击败秦将姚丕。姚泓率兵来救，被姚丕的败兵冲击，互相践踏，遂不战而溃。王镇恶率军攻入长安，姚泓投降，后秦亡。

武士俑 东晋
魏晋时期的戎服主要是袍和裤褶服。褶短至两胯，紧身小袖，交领。裤为大口裤，东晋的比西晋的裤腿更大，上俭下丰，是当时军服的一大特点。

北魏太武帝
统一北方之战

时　间：	423～439年
地　点：	北方
交战双方：	北魏；大夏、北凉、北燕
双方将帅：	拓跋焘；赫连昌、冯弘
结　果：	北魏统一北方

崔浩像
北魏大臣，军事谋略家。他在北魏统一北方的一系列战争中发挥了重要作用。

北魏建国后，四处征伐，到太武帝拓跋焘继位时（423年），北方只剩下北魏、大夏、北凉和北燕四个政权，还有漠北的柔然。

426年，夏主赫连勃勃死，诸子争位，太武帝趁机攻夏，大获全胜，但没有攻克夏都统万城，后大掠而还。427年，太武帝率军再次进攻统万城，夏主赫连昌坚守不战。太武帝派士兵诈降慌报粮草已尽。赫连昌信以为真，开城率军进攻。魏军兵分两路，夹击夏军，夏军大败，赫连昌逃走，后被擒获，后又俘其弟赫连定，夏亡。

柔然是北方的一个强大的游牧民族，不断南下袭扰北魏。429年，太武帝亲率大军，分两路夹击柔然，魏军轻骑突进，没有防备的柔然，最后兵败国亡。

北燕位于辽东，国小兵少，太武帝率军伐北燕，燕主冯弘逃往高句丽，北燕亡。

北凉位于河西，439年，太武帝率军伐北凉，凉主沮渠牧犍降，北凉亡。

至此，太武帝结束了北方100多年的分裂局面。

马头鹿角金饰件 北朝
这是当时上层贵族的冠饰，兽形饰有辟邪和祥瑞作用，充分体现了游牧民族的风尚与喜好。

宋魏战争

时　　间：	431～451年
地　　点：	长江以北地区
交战双方：	宋；魏
双方将帅：	王玄谟、柳元景；拓跋焘
结　　果：	宋失败

宋武帝刘裕像

刘裕(363～422年)，字德舆，小名寄奴，原籍彭城(今江苏徐州)。东晋义熙六年(410年)，刘裕统率大军将南燕平定后，升任为太尉、中书监，执掌朝权。晋元熙二年，刘裕登上皇位，国号宋。

元熙二年（420年），刘裕废掉晋恭帝司马德文，自立为帝，改国号为宋，史称刘宋，建都建康（今江苏南京）。

386年，鲜卑族拓跋部拓跋珪建立北魏，定都平城，统一北方。

北魏大军南下，攻占河南。元嘉七年（431年），宋文帝出兵10万，以到彦之为主将，北上伐魏。宋军起初进展顺利，收复失地，攻占了黄河以南地区。魏军撤至黄河以北以避其锋。八月，魏军大举反攻，宋军大败，收复之地尽失，武器辎重损失无数。

元嘉二十七年（450年），宋文帝趁北魏和柔然交战之机，派王玄谟和柳元景再次伐魏，宋军进展顺利，屡战屡胜。由于王玄谟指挥失误，贻误战机，宋军在滑台（今河南滑县）受阻。九月，魏太武帝拓跋焘亲率大军南下，宋军大败。魏军乘胜追击，直抵长江北岸，后因无船渡江北返。

此后，南方再也无力北伐，形成了北强南弱的局面。

小知识

"后发制人"

指开始时积极防守、消耗敌人实力并酝酿战机，而后利用对方心理松懈而发动反攻的军事战术。

北魏末年各族人民起义

时　　间：	523～528年
地　　点：	北方
交战双方：	北魏；起义军
双方将帅：	尔朱荣；破六韩拔陵
结　　果：	起义失败

北魏末年，阶级矛盾异常尖锐，爆发了各族人民的大起义。起义军主要有四支：北方边镇起义、河北起义、山东起义和关陇起义。

北魏初年，为了防御游牧民族柔然的侵扰，在北部设立六个军镇。魏孝文帝迁都洛阳后，六镇将士的生活日益困苦。正光四年（523年），匈奴人破六韩拔陵聚众起义，各镇纷纷响应。北魏派兵屡次镇压均遭失败。后起义军在转移时被北魏军截击，起义失败。

元纂墓志 南北朝

鲜卑人迁都洛阳后，孝文帝命令所有鲜卑拓跋姓改为汉族元姓，此墓志即是鲜卑景穆皇帝的曾孙、持节都督元纂的墓志。

孝昌元年（525年），河北柔玄镇兵杜洛周在上谷（今河北怀来）起义，不久被另一支起义军首领葛荣所杀，部队也被吞并。葛荣后被魏将尔朱荣俘杀，起义失败。

建义元年（528年），邢杲率流民在山东起义，被魏将元天穆所败。邢杲投降后被杀。

正光五年（524年），敕勒人胡琛、鲜卑人万俟丑奴在高平（今甘肃固原）率众起义，被魏将尔朱天光镇压，起义失败。

起义沉重打击了北魏的统治。

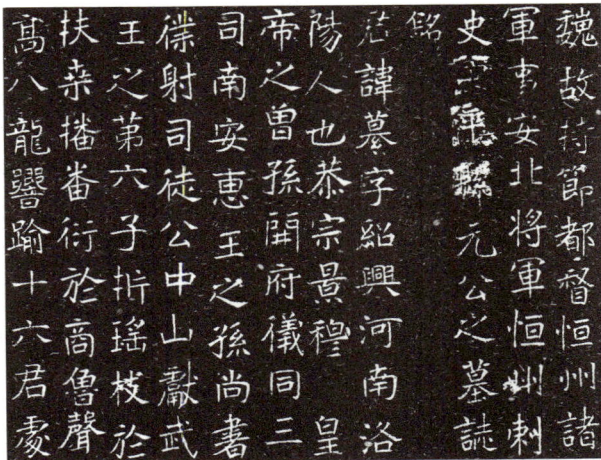

侯景叛梁

| 时　　间：547～552年 |
| 地　　点：江南 |
| 交战双方：侯景军；梁军 |
| 双方将帅：侯景；萧绎、陈霸先 |
| 结　　果：侯景失败 |

陈霸先（503～559年），南朝梁名将，陈开国皇帝，即陈武帝。

侯景（503～552年），字万景，北魏怀朔镇（今内蒙古固阳南）鲜卑化羯人。

东魏丞相高欢任命侯景为河南道大行台，高欢死后，他在河南发动叛乱，失败后降梁。东魏为了离间侯景和梁的关系，与梁议和，侯景大为恐慌，遂于547年举兵叛梁。

侯景勾结想篡位的梁临贺王萧正德，率军顺利渡过长江，攻入建康，大举进攻台城（宫城）。梁各地的勤王军聚集在建康城下，互相观望，保存实力，使侯景得以从容进攻台城。侯景用攻城器具轮番进攻，又引玄武湖水淹城，台城终于被攻破。侯景将梁武帝活活饿死。

侯景随后派兵进入梁的荆州地区。荆州刺史湘东王萧绎派军大败侯景，侯景逃回建康，大将陈霸先和王僧辩乘胜追击，在建康又败侯景，侯景乘船入海出逃，被部将杀死。

侯景之乱使江南地区遭到了空前的破坏，但也沉重打击了南方的门阀世族。

骑马武士俑 南北朝

广阿、韩陵之战

时　　间：531～532年
地　　点：广阿（今河北隆尧）、韩陵（今河南安阳）
交战双方：高欢军；尔朱氏军
双方将帅：高欢；尔朱兆
结　　果：高欢胜利

　　北魏末年，大将尔朱荣控制了北魏政权，晋州刺史高欢起兵反抗，尔朱荣之子尔朱兆率兵10万镇压。双方先后战于广阿、韩陵。

　　高欢施反间计，使尔朱氏诸将互相猜疑，尔朱仲远不战而退。高欢乘机集中兵力在广阿（今河北隆尧县境）大败尔朱兆，俘5000余人，高欢又乘胜进攻，占领邺城（今河北临漳西南）。

　　为了对付高欢，尔朱氏集团暂时团结起来，率军围攻高欢。高欢在韩陵布设圆阵，并连接牛驴，阻塞归路，使将士以必死之心奋战。高欢令司徒高敖曹率左军，堂弟高岳率右军，自己率中军出击。中军作战失利，尔朱兆乘势反攻。在这危急时刻，高岳率领500骑抗击，斛律敦率军迂回包抄尔朱军背后，高敖曹以千余骑兵横击，尔朱兆军大败，高欢进军洛阳，掌握了北魏实权。此后，高欢乘胜追击，尔朱氏集团或南下投梁，或被部将所杀，尔朱氏的势力被全部消灭。

"传祚无穷"瓦当
瓦当上的四个字表达了北魏统治者希望皇位永传的愿望。

武士俑　南北朝
南北朝时战事不断，统治者想尽一切办法促进和提高武器装备的生产，从而使中国武器军备生产发展到一个全新的阶段。此俑所着的铠甲为两挡铠。两挡铠即一挡胸前，一挡背后。长至膝上，腰部以下是胸背甲，胸甲上缘左右两角微起扩大胸部的保护面积。自两挡甲始，许多新式铠甲相继出现。

宇文泰战高欢

时　　间：536～537年
地　　点：北方
交战双方：东魏　西魏
双方将帅：高欢　宇文泰
结　　果：西魏胜利

北魏末年大起义后不久，分裂为东魏和西魏，双方势不两立，征战不休。

东魏的大权掌握在丞相高欢手里。高欢，字贺六浑，渤海蓨（今河北景县）人，是鲜卑化的汉人。西魏的大权掌握在丞相宇文泰手里。宇文泰，字黑獭，代郡武川（今内蒙古武川）人，鲜卑族。

536年，高欢派兵进攻西魏，占领夏州，接着兵分三路进攻长安，结果无功而返。537年，高欢率20万大军进攻西魏，双方战于沙苑（今陕西大荔县南），宇文泰将军队推进10里，背水分东、西列阵，都埋伏在芦苇丛中。东魏大军知道西魏兵少，毫不在意，往西边方阵闯去，宇文泰见敌军已至，率兵迎敌，一时伏兵四起，西魏铁骑横击东魏主力，将高欢大军截为两段，不能照应，结果东魏大败，几乎全军覆没，高欢逃走。

此后双方又大战数次，互有胜败。战争一直延续到北周、北齐，最后由北周重新统一了北方。

骑马武士俑 南北朝
北方鲜卑人原为游牧民族，对骑兵的建制极为重视。宇文泰于542年实行府兵制，将练兵权与领兵权分离，平时生产，战时出征。府兵制大大提高了鲜卑族的战斗力。

宇文泰墓
宇文泰（507～552年），鲜卑族，西魏大丞相，在东魏、西魏之间的战争中屡次破敌，创立府兵制，在军制建设方面颇有建树。

周武帝
统一北方

时　　间：575～577年
地　　点：北方
交战双方：北周、北齐
双方将帅：宇文邕；高纬
结　　果：北周胜利

　　575年，北周武帝宇文邕见北齐政治腐败，决定乘机攻灭北齐，统一北方。

　　北周武帝北联突厥，南和陈朝，形成了对北齐的夹击之势，而自己则亲率18万大军伐北齐，数路并进，连克30余城，后周武帝染病班师。

　　576年，周武帝再次伐齐，率军进攻北齐重镇平阳（今山西临汾），旋即攻克。北齐后主高纬率10万大军救援平阳，周武帝为了避敌锋锐，率军后撤，留下1万精兵守平阳。北齐军至，包围平阳，昼夜猛攻，又挖堑壕以阻挡周军救援。周武帝亲率8万大军救援，两军对峙于堑壕两侧。齐后主下令填平堑壕，全军进攻，周军奋勇还击，双方激战。齐军左翼稍向后退却，齐后主以为齐军战败，临阵脱逃，顿时齐军人心涣散。最终齐军主力被歼。

永通万国　南北朝
此币铸于北周静帝大象元年（579年），为青铜制，铸工精良，面背内外郭高突，字文深峻，钱肉较厚。钱文微含铁线篆意，笔划庄重流丽，神韵奇绝，堪称玉箸篆中的典范之作，系"北周三钱之一"。

　　齐后主先逃到晋阳，后又逃到邺城，周军穷追不舍，围攻邺城，齐后主被俘，北齐亡，北周统一了北方。

骑士和步兵战斗图

隋唐五代军事

隋唐五代时期包括隋朝（581～618年）、唐朝（618～907年）、五代十国（907～979年）三个时期，历时约400年。

隋朝三次远征高丽，穷兵黩武，引起了隋末农民起义。李渊起兵晋阳，灭隋建唐。唐朝初期的战争主要发生在边疆，多为与突厥和吐蕃的战争。平定四方后，唐朝鼎盛一时。755年的安史之乱是唐由盛转衰的分水岭。唐末的王仙芝、黄巢起义，进一步加速了唐王朝灭亡的步伐。

隋朝建立的一整套军事制度，尤其是府兵制被唐王朝所继承和发展。火药的发明，昭示着人类战争即将进入冷热兵器并存的时代。

隋灭陈之战

时　间：588～589年	
地　点：江南	
交战双方：隋：陈	
双方将帅：杨广、贺若弼、韩擒虎；陈叔宝	
结　果：隋胜利	

南北朝末期，杨坚取代北周建立隋朝后，准备攻灭与隋隔江对峙的陈朝，统一南北。

588年，杨坚以晋王杨广为主帅，派兵50万，分兵8路，大举进攻长江以南的陈朝。

此时的陈朝，政治腐败，国势日衰。陈后主陈叔宝自以为凭借长江天险便可高枕无忧，照常饮酒赋诗，寻欢作乐。长江防线的陈军也疏于防备。

隋军趁陈军欢度春节之机，分路渡江。贺若弼从广陵率军南渡；韩擒虎率军由横江（今安徽和县东南）夜渡。隋军渡江后迅猛推进，贺若弼和韩擒虎两军夹击建康。陈叔宝弃险不守，命军队仓促出战，在白土冈一带摆成南北长20里的阵势。由于陈军缺乏统一指挥，首尾进退互不相知。贺若弼率军猛攻陈军薄弱部分，陈军全线崩溃。韩擒虎率军进入建康城，俘获陈叔宝，陈亡。

陈后主像

至此中国结束了自西晋末年以来持续了270年的分裂局面，再次实现统一。

隋灭陈之战示意图

隋朝
对高丽的战争

| 时　　间：612~614年 |
| 地　　点：辽宁、朝鲜半岛 |
| 交战双方：隋；高丽 |
| 双方将帅：杨广；高元 |
| 结　　果：隋两败一胜 |

自魏晋以来，高丽数次侵扰中国，成为中国东北最严重的边患。

隋炀帝继位后，命高丽王高元来朝觐，高元拒绝，隋炀帝大怒，下令大举进攻高丽。

大业八年（612年），隋炀帝命天下之兵不论远近均会集于涿郡(今天津蓟县)，共113.38万人，号称200万，亲征高丽。隋军强渡辽水，在辽水东岸大败高丽军，死者万计，并乘胜进围辽东

铜虎符
即是隋时调发府兵的凭证。

城(今辽宁辽阳市)。高丽诱敌深入，大败隋军。隋的水军也遇伏大败，隋炀帝只得班师。大业九年（613年），炀帝下诏征天下兵集于涿郡，隋军直趋平壤，连续猛攻。这时，贵族杨玄感在黎阳(今河南浚县东北)起兵反隋，隋炀帝只好班师回国镇压叛乱。大业十年（614年），隋军大败高丽军，进攻平壤，高丽连年战乱，困弊不堪，乃遣使请降，隋炀帝遂撤军。

隋炀帝三征高丽之战，给人民带来了深重的灾难，直接导致了隋末农民起义的爆发。

骑兵俑 高丽
高丽骑兵自古以来都号称勇猛无比，隋唐两朝都曾多次远征高丽。遭到高丽士兵的英勇抵抗，损失惨重，图为高丽骑兵的形象。

隋末
农民起义

时　　间：隋朝末年	
交战双方：隋军；起义军	
双方将帅：李密、窦建德；隋军将领	
结　　果：起义失败	

隋炀帝杨广像

李密讨隋炀帝檄："罄南山之竹，书罪未穷；决东海之波，流恶难尽。"司马光论隋炀帝曰："口诵尧舜之言，而身为桀纣之行，曾不自知以至覆亡。"

隋炀帝继位后，滥用民力，建东都、开运河、征高丽，再加上自然灾害，饥寒交迫的农民纷纷起义。最强大的反隋起义军有三支：一支是河南的瓦岗军；一支是河北的窦建德军；一支是江淮地区的杜伏威军。大业七年（611年），翟让聚众在瓦岗寨（今河南滑县南）起义，后李密前来投靠，并积极出谋划策，起义军取得了荥阳大捷，后又攻克兴洛仓。因李密杀害翟让，导致将士离心，起义军被隋军击败。李密投降李渊，后因叛唐被杀。

大业七年（611年），窦建德率众在高鸡泊（今河北固城县西南）起义，屡败隋军。唐高祖武德四年（621年），窦建德与李世民在虎牢关交战，被俘，后在长安（今陕西西安）被杀。

大业九年（613年），杜伏威山东齐郡率众起义，随后率军南下，活动于江淮地区，后投降唐朝。

隋末农民大起义从根本上动摇了隋朝的统治。

隋末农民起义势力 分布图

李渊
晋阳起兵

| 时　　间：617年 |
| 地　　点：晋阳（今山西太原） |
| 交战双方：李渊军；隋军 |
| 双方将帅：李渊、李世民；宋老生 |
| 结　　果：李渊军胜利 |

隋朝末年，农民起义风起云涌，一些隋朝的官僚见隋朝大势已去，纷纷起兵反隋。

太原留守李渊和他的儿子李世民、亲信刘文静经过精心的准备，于617年在晋阳（今山西太原）正式起兵。李渊打着"废昏立明"的旗号，率军直捣关中。一路上招兵买马，实力日增。为了争取民心，李渊下令军队对百姓秋毫不犯，又开仓济贫，得到百姓的拥护。

隋将宋老生领兵3万屯于霍邑（今山西霍县），妄图阻挡李渊进军。当时阴雨连绵，道路泥泞，粮食匮乏，又听说突厥袭击晋阳，李渊准备返回太原，被李世民阻止。抵达霍邑后，宋老生率军出击，李渊抵挡不住，被迫后撤，宋老生不顾侧翼暴露，率军冒进。李世民抓住时机，奋勇冲杀，杀死宋老生，隋军大败。

随后，李渊渡过黄河，在族弟李神通和女儿平阳公主的配合下，占领长安。大业十四年（618年），李渊称帝，国号唐。

李渊像

李渊（566～635年），字叔德，陕西成纪人，相貌出众，人称"天中伏犀下拔于眉，非人臣之像"。618年称帝，国号唐。此后10年间，李渊父子消灭了各地的割据势力，统一了全国。626年8月，被次子李世民逼迫禅位，被尊为太上皇。635年10月，病死，庙号高祖。

唐长安城南门遗址

遗址位于陕西西安，为明代修建，南城墙部分建在唐长安皇城墙基上。

洛阳虎牢关之战

| 时　间：620～621年 |
| 地　点：虎牢关 |
| 交战双方：唐军；窦建德军 |
| 双方将帅：李世民；窦建德 |
| 结　果：唐军胜利 |

武德三年（620年），唐军进攻占据河南的王世充。武德四年（621年），河南大部分州县已经落入唐军之手，王世充困守洛阳，负隅顽抗。

占据河北的窦建德意识到王世充灭亡后，自己将成为唐军的下一个目标，所以率军援救王世充。

在这种情况下，有人主张撤军，遭到李世民的反对。李世民当机立断，派李元吉继续围攻洛阳，自己率军进驻虎牢关，迎战窦建德军。

在虎牢关，唐军屡屡挫败窦军的进攻，又截断了窦军的粮道。窦军士气低落，人心思归。窦建德率大军在虎牢关前摆开阵势，准备与唐军决战。但是，李世民按兵不动。到了中午，窦军又饥又渴，有的坐在地上休息，有的到河边喝水，阵形已乱。李世民见时机已到，立刻率骑兵冲锋，窦军全阵溃散，窦建德被擒。唐军把窦建德押到洛阳城下，王世充只好开城投降。

李世民一战而克二敌，为唐朝统一奠定了基础。

洛阳虎牢关碑

唐太宗像
李世民（599～649年），高祖李渊次子，唐王朝的实际开创者。在位时善于纳谏，勤于治国，平突厥、安四海，史称"贞观之治"。他是我国古代杰出的政治家和军事家，也是后世帝王的楷模。

唐与东突厥之战

时　　间：唐贞观三年（629）～四年（630）
地　　点：内蒙古地区
交战双方：唐朝；东突厥
双方将帅：李世勣、李靖；颉利可汗
结　　果：唐朝胜利

突厥是我国北方的一支游牧民族，隋末唐初逐渐强大起来，后来分裂为东、西两部。隋朝末年，东突厥时常南下侵扰。唐朝建立后，为了集中精力统一全国，对东突厥采取了忍让态度。

武德七年（624年），唐朝统一全国以后，积极备战，准备彻底消灭突厥的威胁。贞观三年（629年），唐太宗命李世勣、李靖统兵10万，出击东突厥。贞观四年（630年），李靖率骑兵趁黑夜攻下定襄，李世勣在白道（今内蒙古呼和浩特市北）大破东突厥，颉利可汗逃往阴山，突厥兵溃散，被杀1万余人，被俘10余万人，缴获牲畜数十万头。颉利可汗率残部北逃，后被俘，东突厥灭亡。

唐朝在东突厥故地设立了都督府，让东突厥贵族担任都督，由他们管理东突厥各部。此后几十年，唐朝北部边境没有战事。

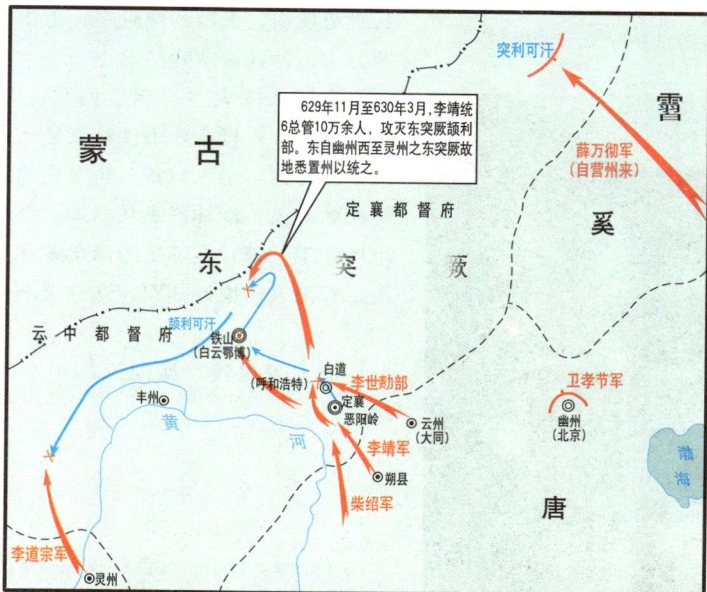

唐与东突厥之战要图

唐与西突厥之战

| 时　间：657年 |
| 地　点：中国新疆、中亚一带 |
| 交战双方：唐朝；西突厥 |
| 双方将帅：苏定方；沙钵罗可汗 |
| 结　果：唐朝胜利 |

《资治通鉴》卷一九一

吾接位日浅，国家未安，百姓未富且富静以抚之。一与虏战，所损甚多，虏结怨既深，一与吾未可以得志矣。故卷甲韬戈，啗以金帛，彼既得所欲，理当自退，志意骄惰，然后养威伺衅一举不复设备，理当自退，志意骄惰，然后养威伺衅一举可灭也。将欲取之必固舆之，此之谓矣。

《资治通鉴》中有关唐军灭突厥的记载

唐朝初年，西突厥经常侵扰唐西部边境。

显庆二年（657年），唐以右屯卫将军苏定方为伊丽道行军总管，与燕然都护任雅相、副都护萧嗣业，率唐兵与回纥骑兵万余人，讨伐西突厥。

唐军至金山（今阿尔泰山），西突厥木昆部归顺。唐军继续前进，行至伊犁河西，被西突厥可汗沙钵罗率领10万之众所包围。苏定方命步兵持矛在南，亲自率骑兵列阵于北。西突厥军三次冲击南线，都没有得逞，苏定方率骑兵乘势反击，大败西突厥军，追击30里，斩杀数万人，沙钵罗率残部逃走。

当时天降大雪，深达两尺。苏定方率军昼夜兼程，直抵金牙山沙钵罗牙帐。沙钵罗正准备去打猎，毫无戒备，唐军突然发起攻击，斩获数万人，沙钵罗逃往石国（今乌兹别克斯坦塔什干一带）。苏定方命萧嗣业率兵继续追击，石国人诱擒沙钵罗，送交萧嗣业，西突厥亡。

唐朝置昆陵、漾池二都护府于西突厥故地。

突厥武士石人

石人立于新疆维吾尔自治区阿勒泰市境内的突厥墓前，为典型武士石人。石人五官完整，右手持杯，左手握刀，双目圆睁，八字髭上翘，表现了突厥武士威风凛凛逼人的威猛气势。

唐对高丽、百济的战争

时　　间：661年
地　　点：朝鲜半岛
交战双方：唐朝、高丽、百济
双方将帅：苏定方、盖苏文、扶余义慈
结　　果：唐朝胜利

　　唐朝初年，朝鲜半岛上高丽、百济、新罗三国鼎立。新罗与唐朝通好，高丽、百济则千方百计地阻挠新罗向唐朝朝贡。

　　660年3月，独掌高丽大权的盖苏文，与百济联合入侵新罗，新罗王金春秋向唐朝求救。660年，唐高宗派以左武卫大将军苏定方为神丘道行军大总管，率水陆10万征伐百济。8月，苏定方率兵从成山（今山东荣成东北）渡海。百济王扶余义慈派兵5万在熊津江口（今锦江入海口）阻击唐军。唐军强行登陆，歼敌数千，余众溃逃。随后，唐朝和新罗联军击败百济主力，百济王降。

　　661年，倭国企图火中取栗，派兵护送百济王子扶余丰回国，在白江口（今韩国锦江）与刘仁轨所率的唐军相遇，经过四次大战，倭军惨败，战船被焚烧400艘，火焰冲天，江水皆赤。唐灭百济后，高丽陷入腹背受敌的境地，不久被灭。唐朝在平壤设立了安东都护府。

彩画金装头枕　百济

螺钿玳瑁菊唐草纹盒　高丽

螺钿牡丹唐草文桌　高丽

唐与吐蕃的和战

时　　间：唐朝时期
地　　点：河西、陇右
交战双方：唐朝、吐蕃
结　　果：唐朝胜利

唐蕃会盟碑 吐蕃
此碑于823年刻成，正面用汉藏两种文字刻写盟约全文，背面用藏文记述了吐蕃的起源、会盟及和亲的经过与立碑年月。

吐蕃是藏族的祖先，公元7世纪至9世纪在青藏高原建立强大的奴隶制国家。从此，唐朝和吐蕃之间展开了旷日持久的和战。

贞观年间，松赞干布遣使求婚，唐太宗把文成公主嫁给了他，唐朝和吐蕃关系非常融洽。

后来吐蕃逐渐强大，开始不断对外扩张。663年，吐蕃进攻吐谷浑，击败了来援的唐军，并占领了唐朝的安西四镇。692年，唐朝收复安西四镇。安史之乱爆发后，唐朝调边军入中原平叛，吐蕃乘机大举进攻，占领了河西、陇右地区，还一度攻占了长安。以后又陆续占领了西域。

822年，唐朝与吐蕃会盟，唐朝承认吐蕃对河西、陇右地区的占领，吐蕃则表示不再扰边，

双方关系有所改善，但仍战争不断。

由于吐蕃王室争权，内战不断，实力大衰。沙州人张议潮率众起义，收复河西、陇右地区，重归唐朝。吐蕃从此一蹶不振。

松赞干布迎接文成公主处
当年松赞干布在此迎接文成公主，后来建成了寺院以示纪念。

唐与南诏的和战

时　　间：750～902年
地　　点：西南地区
交战双方：唐朝；南诏
双方将帅：鲜于仲通、李晟；皮逻阁、阁逻凤
结　　果：唐朝胜利

　　唐初，在洱海地区分布着六个较大的部落，史称"六诏"。"六诏"之一的南诏在唐朝的支持下，吞并其它五诏，统一了洱海地区。开元二十六年(738年)，为了与吐蕃抗衡，唐朝封南诏主皮逻阁为云南王。

　　南诏实力强大后，侵占了滇池地区。皮逻阁死，其子阁逻凤继位，杀死了唐朝边将，占领了32州。唐朝派鲜于仲通率8万大军讨伐南诏，南诏向吐蕃求援。在南诏、吐蕃联军的夹击下，唐军战败。从此以后，南诏叛唐，归附吐蕃。

　　大历十四年(779年)，南诏、吐蕃联兵20万进犯西川，唐将李晟率5000精兵南下，大败南诏、吐蕃联军，南诏元气大伤，吐蕃将惨败的罪责归咎于南诏，导致南诏不满，遂叛吐蕃，重新归附唐朝。

崇圣寺千寻塔　南诏

千寻塔为密檐式建筑，高69.13米，16层，高层中面中央一券龛，置白色大理石佛像一尊，塔顶四角原有一只青铜铸金鹏鸟。1978～1980年维修时，在清理塔基和塔顶时发现南诏大理国时期重要文件680余件。

　　后来南诏又起兵叛唐，大掠成都。乾符二年（875年），唐天平节度使高骈在大渡河击败南诏军，南诏再不敢侵扰。天复二年(902年)，南诏灭亡。

安史之乱

时　　间	755～763年
地　　点	北方
交战双方	唐朝；叛军
双方将帅	郭子仪、李光弼；安禄山、史思明
结　　果	唐朝胜利

唐玄宗执政后期，耽于享乐，朝政腐败，朝政先后被奸相李林甫、杨国忠把持，边地将领拥兵自重。

天宝十四年（755年），身兼范阳、平卢、河东三节度使的安禄山率军联合奚、契丹、室韦、突厥等民族，共15万士兵，号称20万，以讨杨国忠为名，在范阳起兵发动叛乱。

由于唐朝承平日久，武备废弛，叛军两个月便攻陷洛阳，安禄山自称"大燕皇帝"。翌年攻入长安，唐玄宗逃往四川，太子李亨逃到灵武称帝，是为唐肃宗。

后来叛军内讧，安禄山被其子安庆绪所杀。唐军联合回纥援兵乘机反攻，收复了长安和洛阳。不久安禄山部将史思明杀安庆绪，再次攻陷洛阳，复称大燕皇帝，后被其子史朝义杀死。唐将郭子仪、李光弼率军联合回纥兵，收复洛阳，史朝义自杀，持续了八年的"安史之乱"宣告结束。

安史之乱是唐朝由盛而衰的转折点。

安禄山像

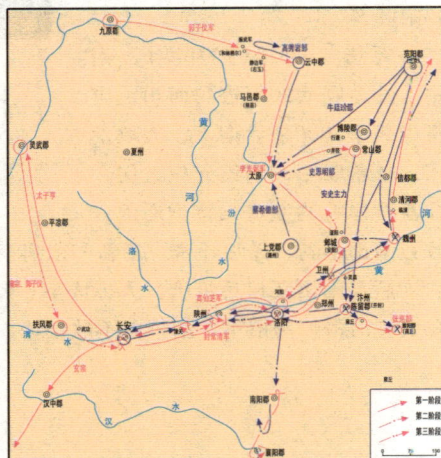

安史之乱示意图

张巡守睢阳

时　间：757年
地　点：睢阳（今河南商丘南）
交战双方：唐朝；叛军
双方将帅：张巡；尹子奇
结　果：睢阳失守

安史之乱中，叛将尹子奇率叛军13万人，企图攻占睢阳，进而夺取江淮富庶之地。睢阳是唯一能阻挡叛军南下要地，战略地位极为重要。

张巡（709～757年），邓州南阳人，开元进士。安史之乱后，在雍丘抵抗叛军。听说叛军要攻打睢阳，立即率兵来援。睢阳太守许远见张巡长于指挥作战，就主动要张巡来指挥，自己掌管后勤。这时，睢阳的唐军只有6000余人。

叛军将睢阳团团包围，昼夜攻打。张巡、许远率众死守，有时一天竟历20余战，连战16日，擒叛军将领60余人，杀敌2万余人，尹子奇连夜逃走。

757年七月，尹子奇又率叛军数万人，再攻睢阳。此时城中粮食奇缺，尹子奇派人在城外挖了三条深壕，围而不攻。不久唐军粮尽，睢阳城破，张巡不屈而死。但叛军也无力进扰江、淮，不久睢阳被唐军收复。

张巡坚守睢阳，使朝廷赋税主要来源之地的江淮地区免遭叛军蹂躏，意义重大。

张巡像

在雍丘抵抗叛军时，张巡曾留下了"草人借箭"的美谈。相传安禄山叛军逼近长安之前，先让令狐潮率4万叛军围攻雍丘，张巡与守城勇士同仇敌忾，连续打退敌人300多次进攻。但时间一久，城里的箭就用完了。一天深夜，隐约可见有成百上千的士兵从雍丘城头爬下，叛军以为张巡要出兵偷袭，命令士卒向城头放箭，一直放到天将亮，可一看张墙上挂的都是草人。几日后，城墙上又出现了"草人"令狐潮以为张巡又来骗箭，遂不加防备。哪知这回下来的却是500勇士，毫无防范的叛军吓得四散逃命，溃不成军。

宋元军事

宋元时期包括北宋（960～1127年）、南宋（1127～1279年）、元朝（1271～1368年）三个朝代，历时400余年。国家由部分统一走向全国统一是这一时期的军事特点。

宋代军事的一大成就就是火箭的创制及其广泛应用，这宣告着人类从此进入冷兵器和热兵器并用的时代。宋代还建立了武学，并编著了《武经七书》作为其军事教科书，形成了兵学发展史上的第二个高峰。

北方辽、夏、金并立，均对宋朝发动过战争，严重破坏了生产的发展；但另一方面，战争也在一定程度上促进了民族融合。同时，少数民族的骑兵战术为中原地区的军事思想融入了新的血液。

陈桥驿兵变

赵普像
赵普（922～992年），字则平，幽州蓟县（今北京城西南）人。宋初谋臣，参与策划了陈桥兵变，拥立赵匡胤称帝。宋初，提出了先南后北、先易后难的统一战争方略。

959年，周世宗柴荣去世，年仅7岁的恭帝即位。时任殿前都点检、归德军节度使的赵匡胤与禁军高级将领石守信、王审琦等结义兄弟掌握了军权。

960年春，赵匡胤和赵普、石守信等，在京城散布"点检作天子"的谣言并谎称北汉和辽国的军队联合南下，攻打后周。宰相范质难辨真伪，急派赵匡胤统率军北上御敌。

军队行至陈桥驿（今河南封丘陈桥镇）时，赵匡胤授意赵匡义（赵匡胤之弟）和赵普等发动兵变，众将把黄袍加在赵匡胤身上，拥立他为皇帝，反叛后周。随后，赵匡胤率军回师开封，京城守将石守信、王审琦大开城门，迎接赵匡胤入城，翰林学士拿出早已准备好的禅让诏书，逼迫周恭帝退位。赵匡胤即位，是为宋太祖，改国号为宋，史称北宋，改元建隆元年，仍定都开封，史称"陈桥兵变"。

陈桥兵变遗址
今河南封丘陈桥镇，为宋太祖黄袍加身处。

杯酒释兵权

赵匡胤自从陈桥兵变，建立北宋后，为防止握有军权的武将效仿，采纳丞相赵普的计策，谋划解除禁军将领的兵权。

961年，他先撤销禁军最高职位殿前都点检一职，改任慕容延钊为山南东道节度使，侍卫亲军都指挥使韩令坤为成德节度使。七月，又借宴饮之名，召集曾拥戴他称帝的大将石守信、王审琦等宴饮。席间以"君臣两无猜疑，上下相安"为由，采用赏赐良田美姬为诱饵，加以武力相胁迫的办法，迫使石守信等人交出兵权。于是，次日石守信、王审琦等将领皆称病不朝，告老还乡。由皇帝直接控制禁军兵权。969年，又召集节度使王彦超待宴饮，解除了他们的藩镇兵权，以消除藩镇割据的隐患。史称宋太祖此举为"杯酒释兵权"。

宋太祖的做法虽然成功地防止了军队的政变，但却削弱了部队的作战能力。以至宋朝在与辽、金、西夏的战争中，屡战屡败。

石守信像

《雪夜访赵普》 明 刘俊
此画描绘的是宋太祖雪夜私访宰相赵普，商议统一大计的故事。

澶渊之盟

时　间：	1004年
地　点：	澶州（今河南濮阳）
交战双方：	宋、辽
双方将帅：	寇准；辽圣宗
结　果：	双方议和

萧淖像
萧淖（953～1009年），即辽萧太后，著名的女军事统帅和政治家。

北宋景德元年（1004年），辽萧太后和辽圣宗发兵20万南下。辽军避实就虚，绕过宋军坚守的城池，长驱直入，抵达黄河边的重镇澶州（又名澶渊）城北，直接威胁宋朝的都城开封。

宋朝大多数大臣主张南逃，但宰相寇准坚决主战，并力请宋真宗亲临澶州前线督师。宋真宗勉强登上澶州北城门楼以示督战，宋军士气大振，射杀辽国南京统军使萧挞凛，辽军锐气大挫。

辽军在澶州受挫，又孤军深入，而宋真宗只希望辽军能尽快北撤，不惜代价。于是双方议和，交换誓书，约定：辽帝称宋帝为兄，宋帝称辽帝为弟，宋辽为兄弟之国，宋真宗尊辽萧太后为叔母；宋朝每年给辽绢20万匹、银10万两；双方停战撤兵，宋辽以白沟河为界。

澶渊之盟的签订，结束了宋辽长达数十年的战争，两国的经济都得到了恢复和发展。

小知识

寇准

北宋政治家，诗人。字平仲，华州下（今陕西渭南）人。太宗太平兴国五年（980年）进士。真宗时，曾任同中书门下平章事。景德元年（1004年），辽军大举侵宋，寇准力主抵抗，并促使真宗渡河亲征，起了稳定局势的作用。不久，被大臣王钦若排挤罢相。晚年再度被起用。封莱国公。后又因大臣丁谓等陷害遭贬。远徙道州、雷州。仁宗天圣元年，寇准病死于雷州。谥号忠愍。

宋夏和战

时　　间：1038～1044年
地　　点：陕西、甘肃一带
交战双方：北宋；西夏
双方将帅：刘平、石元孙、任福；元昊
结　　果：双方议和

西夏是我国西北的一支少数民族党项族建立的政权，经过多年的发展，党项首领元昊于1038年称帝，国号大夏。

元昊称帝后，宋朝极为愤怒，准备讨伐元昊。元昊却先发制人，主动出击，向宋朝发动一系列进攻，大败宋军。其中规模较大的有三川口之战、好水川之战、定川寨之战。

1040年，西夏军包围延州。宋将刘平、石元孙领兵万余人，救援延州。西夏军伏兵于三川口（今陕西安塞东），将宋援军团团包围。西夏军四面出击，宋军全线崩溃。西夏军俘虏刘平、石元孙等多名宋将，大获全胜，乘势围攻延州，后因大雪而还。

好水川之战遗址
1041年，宋将任福奉命率兵数万进攻西夏。夏景帝元昊领兵10万在好水川（今宁夏隆德西北）设伏。当宋军进至埋伏圈后，夏军四面围攻，大败宋军，宋将任福战死。

1041年，宋将任福迎战西夏军，西夏军佯败，尽弃辎重而走，任福率军追击，进入好水川（今宁夏隆德西北），被西夏十万大军合围。任福与1万余名宋军将士战死。

宋和西夏经过多年交战，疲敝不堪。双方于1044年议和，元昊向宋称臣，宋给西夏岁币并开放榷场。

西夏之敕牌
西夏驿站传递文书时使用的敕牌。

金灭辽之战

时　间：	1114～1125年
地　点：	河北北部、北京、内蒙古地区
交战双方：	辽；金
双方将帅：	辽天祚帝；完颜阿骨打
结　果：	辽亡

　　女真是我国东北的一支少数民族。辽建立后，女真人饱受辽的奴役和压迫。公元1114年，女真人在完颜部首领完颜阿骨打的带领下，举行反辽起义。

　　阿骨打率2500人攻打辽的重镇宁江州，全歼辽军，极大地鼓舞了女真人士气。1115年，阿骨打称帝，国号金，定都会宁，是为金太祖。

　　金国建立后，阿骨打不断率军攻辽，占领了很多州县，并且攻克了辽控制女真的军事据点黄龙府。辽天祚帝闻讯大惊，亲率70万大军出征，企图消灭金政权，阿骨打率军迎战。正当两军对峙之时，辽将耶律章奴发动政变，辽天祚帝急忙撤军平叛。阿骨打率军追击，两军相遇于护步答岗，阿骨打集中全部兵力进攻辽天祚帝率领的中军，辽军大败，"死者相属百余里"，经此一战，辽军的主力全部被歼。

　　随后，金军接连攻克辽的五京：东京、上京、中京、西京、南京，并于1125年俘获辽天祚帝，辽亡。

大金得胜陀颂碑

金太祖于此誓师伐辽，所向披靡，大败辽军，赐名"得胜陀"。后来为追念先祖功烈，遂在此地立碑歌颂功德。碑文正面阴刻汉字815字，北面阴刻女真文字1500余字。它是迄今存世女真文字最多的碑刻，对研究女真历史与女真文字有很大价值。

宋江、方腊起义

时　　间：北宋末年
地　　点：河北、山东、江南
交战双方：北宋、起义军
双方将帅：张叔夜、童贯；方腊、宋江
结　　果：起义失败

北宋宣和元年(1119年)，宋江等36人以梁山泊(今山东东平南)为根据地，发动起义。起义军流动作战，活动范围在河北、山东一带，"横行齐、魏，官军数万无敢抗者"。宣和三年(1121年)，宋江起义军进攻海州(今江苏连云港)时，海州知州张叔夜设伏，起义军战败，宋江投降。

北宋政府在江南一带大肆搜刮花石纲，搞得民不聊生。宣和二年，睦州青溪(今浙江淳安)人、摩尼教教主方腊在帮源洞率教徒起义，方腊自称圣公，年号永乐，设置官吏将帅。起义军横扫

方腊像

江南，攻占6州52县，人数发展到数十万。宣和三年，宋徽宗一面取消花石纲，一面派童贯带领15万官军到江南镇压方腊起义。起义军被打败，所占州县相继失陷。方腊率军退至帮源洞。宋军在叛徒的带领下，攻入帮源洞。起义军7万人战死，方腊被俘，押送汴京处斩。

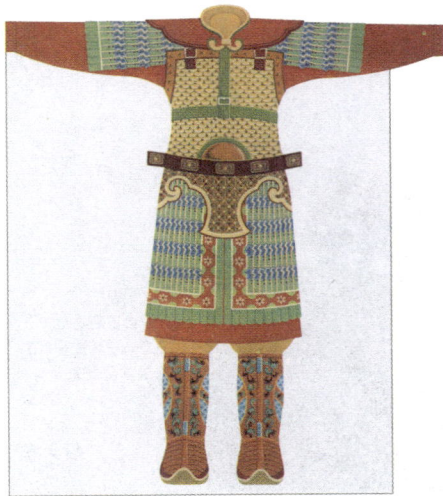

宋代甲胄穿戴示意图

海上之盟

都统府弹押印　金
按金朝初年制度，每攻占一地即设都统府驭部众，并任命官员。

海上之盟是宋金为夹攻辽国所订立的盟约。

1114年，女真首领完颜阿骨打率众反抗辽的残暴统治，并于1115年称帝，国号金，并在护步答岗大败辽军主力。

1118年，宋徽宗看到辽灭亡在即，遂遣使从海路赴金，商议联合灭辽事宜。此后，金宋使臣频繁接触。1120年，双方商定：金取辽中京，宋取辽燕京，辽亡后，宋将原给辽的岁币转给金国，金同意将燕云十六州归宋朝，还约定双方均不能与辽讲和。因双方使臣经渤海往来，故称"海上之盟"。

宋金结盟后，金军连克辽中京、西京，占领了辽长城以北全部州县。宋因镇压方腊起义未能如约出兵。平定方腊后，宋才派童贯率10万大军，进攻辽燕京。但两次进攻均被辽军击败。童贯为了掩饰失败罪责，乞求金攻打燕京。最后，燕京被金军攻破。结果宋以增加岁币的代价，才换到被金兵抢掠一空的几座空城。

金上京会宁府遗址
金上京会宁府遗址位于黑龙江省阿城市城南2公里处，阿什河左岸的白城，为金代早期（1115～1153年）都城。

金灭
北宋之战

时　　间：1127年	
地　　点：开封	
交战双方：金；北宋	
双方将帅：完颜宗翰、完颜宗望；李纲	
结　　果：北宋灭亡	

在金和北宋联合灭辽之时，金就看到了北宋虚弱无能。在灭辽的当年（1125年），金军在完颜宗翰和完颜宗望的率领下，分东、西两路南下攻宋。西路军进攻太原，遭到太原军民的顽强抵抗，被滞留不能南下。东路军长驱直入，守黄河的宋军烧桥南逃，金军从容渡河，包围了开封。

惊惶失措的宋徽宗一面遣使向金军求和，一面下令各地勤王救援，又传位给太子赵桓，是为钦宗，改元靖康。宋钦宗任命李纲负责守卫开封。在李纲的指挥下，开封军民接连打退了金军的进攻。金军见不能取胜，逼宋议和后撤军。

宋徽宗赵佶像

同年八月，金军再度攻宋。宋钦宗遣使求和，但金军毫不理会，继续进攻。闰十一月底，金军攻克汴京。次年三月，金军将徽、钦二帝和宗室、后妃、皇子，连同大臣共3000人掠走，此外，还掠夺了大量宝玺、法物、图册、文籍等北返，北宋亡，史称"靖康之耻"。

李纲像

赵匡胤

赵匡胤（927～976年），北宋的建立者，庙号宋太祖，涿州（今河北涿州）人。出身官宦家庭。948年，投后汉枢密使郭威幕下，屡立战功。951年，郭威称帝建立后周，赵匡胤任殿前都点检，统领禁军。周世宗柴荣死后，恭帝即位。他发动"陈桥兵变"夺取后周政权，建立宋朝，定都开封。

赵匡胤称帝后，用3年时间平息内部反对势力，随后用了10余年的时间，先后攻灭南平、后蜀、南汉、南唐和湖南等割据政权，统一全国，结束了五代十国分裂混战局面。

宋太祖赵匡胤像

赵匡胤通过"杯酒释兵权"削夺了武官的地位，"重文轻武"虽加强了中央集权，但也导致宋朝积贫积弱，对外战争屡次失败。

976年，赵匡胤在北征契丹的途中暴死，享年50岁。

赵匡胤在位期间，采取一系列措施，改革军事、政治、财政、科举等制度，对社会经济的恢复和发展起到了积极的作用。

"宋太祖黄袍加身处"碑，今河南封丘陈桥镇

杨家将

杨业，即杨令公，弱冠之年便入事北汉，任侍卫新军都虞候。杨业战功卓著，所向无敌，人称"杨无敌"。

北汉灭亡后，杨业降宋。雍熙三年（986年），宋太宗派出三路大军伐辽，企图收复幽云十六州。其中潘美为西路军主将，杨业为副将。开始宋军进展顺利，但不久在辽军反击下，节节败退。杨业掩护收复四州的民众内迁。因潘美未按约接应，致使杨业被俘，绝食三日而死。同时牺牲的还有其子杨延玉。

杨业的儿子杨延昭，就是杨六郎，在河北边防前线任职。宋真宗咸平二年（999年）冬天，辽军攻宋。杨延昭守卫遂城（今河北徐水县西），命士兵在城墙上浇水成冰，使城墙变得坚固光滑。辽军久攻不下，只好退兵。

杨六郎扮像

杨延昭之子杨文广，先后在河北、陕西边境做过镇守将军，曾屡败西夏。

杨家将忠心报国的英雄事迹，被后人编为《杨家将演义》等，广为传颂。

杨业（922～986年），又名继业，麟州（今陕西神木北）人，北宋名将。图为位于今北京密云县古北口的杨令公祠，表达了世人对杨业的敬仰之情。

蒙古联宋灭金之战

时　　间：1234年
地　　点：蔡州（今河南汝阳）
交战双方：蒙古南宋联军；金
双方将帅：窝阔台、孟珙；金哀宗
结　　果：金亡

蒙古武士像 元代

蒙金战争形势图

成吉思汗去世后，窝阔台于1229年即大汗位。他依成吉思汗的遗嘱，联合南宋，继续进攻金国。

金国采取了一系列的措施企图扭转颓势，并取得了一些重大胜利，但都无法改变灭亡的命运。

1231年，蒙古分兵三路伐金。中路由窝阔台亲自率领，由山西攻河南；左路由山东攻河南；右路出陕西借道宋境，进攻河南，进逼金都城汴京（今河南开封）。

1232年，金军主力在钧州（今河南禹县）南的三峰山遭到蒙古军的伏击。金军奔波数日，筋疲力尽，又逢大雪，蒙古军以逸待劳，歼灭金军主力。随后，乘胜进军，围攻汴京。金哀帝出逃，先至归德（今河南商丘），后至蔡州。

窝阔台派使臣与南宋相约攻金，许诺金亡后把黄河以南的土地划归南宋。南宋不吸取联金灭辽教训，派宋将孟珙从襄阳北上，攻占金的邓、唐二州后，与蒙古军围攻蔡州。城破，金哀宗自缢，金亡。

元代军制

元朝的军队有蒙古军、探马赤军、汉军和新附军。

蒙古军以蒙古人为主；探马赤军以蒙古人为主，但后来又混入了不少色目人和汉人；汉军是由收编的北方汉族军阀的部队和金国降军；新附军是招降的原南宋军队。蒙古军和探马赤军主要以骑兵为主，而汉军和新附军主要以步兵为主。

蒙古马鞍具

按照他们承担任务的不同，又分为中央宿卫军和地方镇戍军。

中央宿卫军主要由怯薛军和侍卫亲军组成。怯薛军主要负责保卫皇帝的安全，保卫宫城和皇帝的大帐。侍卫亲军主要负责元大都（今北京市）和元上都（今内蒙古正蓝旗东）的安全和中书省的镇戍。

地方镇戍军根据兵源的不同，屯驻设防的地域也不同。蒙古军和探马赤军主要屯驻在淮河以北、辽东和西北等战略要地，而淮河以南则由汉军和新附军屯驻。

另外，在边疆地区还有少数民族组成的军队驻守本地，称"乡军"。

蒙古车马图

明清军事

明清时期包括明朝（1368～1644年）、清朝（1636～1911年）两个历史阶段，历时543年之久。

1616年，努尔哈赤建立后金，并创建八旗制度。后金起兵反明，先后爆发了萨尔浒之战和宁远之战，双方互有胜败。皇太极建清后，发动了松锦之战，明军元气大伤，再无力与清军对抗。明末的李自成、张献忠领导的农民起义，直接导致了明朝的的灭亡。清军入关后迁都北京，开始了清朝对全国的统治。

清前期的军事活动主要是平定边疆（噶尔丹、大小和卓、大小金山）的叛乱。1840年的第一次鸦片战争标志着中国近代史的开端，清政府被迫签定了中国的历史上第一个不平等条约——《南京条约》。太平天国起义（1851～1864年）和义和团反帝运动（1898年）沉重打击了清朝的统治和外国侵略势力。

清后期，面对内忧外患的局面，洋务派提出"师夷长技以制夷"的口号，创办了以福州船政局和江南制造局为代表的一批近代军工企业，引进西方先进科技，初步改变了中国闭关自守的格局。

明清时期的军事器械也有了显著发展，出现了铁炮和火铳。

鄱阳湖之战

时　　间：1363年
地　　点：鄱阳湖
交战双方：朱元璋军；陈友谅军
双方将帅：朱元璋；陈友谅
结　　果：朱元璋胜利

统军帅之印
陈友谅部是元末一支重要的农民起义力量，1360年，陈友谅建政权自立，国号大汉，年号大义。图为陈友谅部的军印，铸于大义二年。

　　朱元璋攻占集庆（今江苏南京）后，在江南地区主要有两个竞争对手：东面的陈友谅和西面的张士诚。

　　1363年，小明王被张士诚围困于安奉（今安徽寿县），朱元璋亲自率兵救援。陈友谅趁机率60万大军、巨舰数百艘顺江而下，包围洪都（今江西南昌）。朱元璋率20万大军来援，陈友谅败退至鄱阳湖。

　　陈友谅自恃兵多船大，不把朱军放在眼里。陈军巨舰联结成阵，绵延数十里，"望之如山"。朱元璋针对陈军船大行动不便的弱点，派敢死队驾轻舟小船满载火药，在黄昏时冲入陈军水寨，顺风放火，焚毁敌舰数百艘，陈军死伤大半。

　　陈军屡战屡败，粮草断绝，士气低落。陈友谅决定向湖口突围，遭到朱军的截击，陈友谅中箭而死，残部逃回武昌。

　　1364年，朱元璋水路并进，攻克武昌，陈友谅子陈里出降。随后，朱元璋又消灭了张士诚、方国珍，统一了江南。

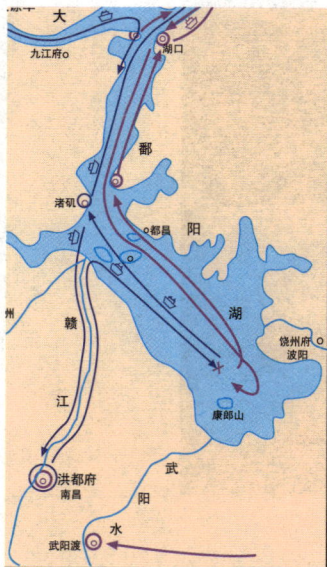

鄱阳湖之战要图

徐达
北伐大都

时　　间：1367～1368年
地　　点：大都（今北京）
交战双方：明；元
双方将帅：徐达、常遇春；脱因帖木儿
结　　果：元朝灭亡

朱元璋平定江南后，任命徐达为征虏大将军，常遇春为副将军，率25万大军北伐。

在北伐的檄文中，朱元璋提出了"驱除胡虏，恢复中华，立纲陈纪，救济斯民"的口号，争取了北方汉族地主的支持。同时也指出蒙古、色目虽然不是汉族，但只要"愿为臣民者"，与汉人同等待遇。

朱元璋还制定了"先取山东，撤其屏蔽；旋师河南，断其羽翼"，"然后进兵元都"的正确作战方针。

1367年，徐达、常遇春率北伐军从应天出发，沿大运河北上，势如破竹。次年，北伐军先后攻占山东、河南，击败元将脱因帖木儿，然后挥师北进，经长芦（今河北沧州）、青

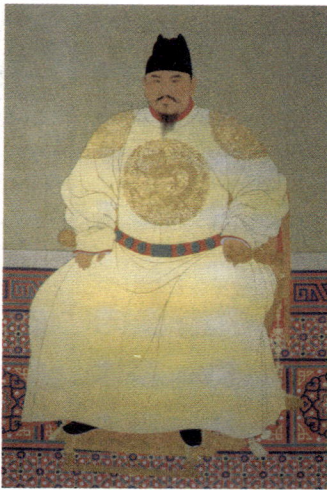

明太祖朱元璋像

州，抵达直沽（今天津），攻克通州（今北京通州），元顺帝率后妃、太子仓惶逃往元上都（今内蒙古正蓝旗东北），北伐军占领大都，元朝灭亡。

1368年，朱元璋在应天称帝，国号明，是为明太祖。

元大都城墙遗址
元代国都大都城，是唐以来中国规模最大的一座新建城市，明清北京城就是在元大都的基础上改建和扩建而成的。

靖难之役

时　　间：1399~1403年	
交战双方：明军；燕军	
双方将帅：朱棣；耿炳文、李景隆	
结　　果：朱棣即位	

明成祖朱棣像

明朝建立后，朱元璋分封自己的儿子为王，镇守全国各地，以"夹辅王室"。

朱元璋死后，皇太孙朱允炆即位（太子朱标早死），年号建文。建文帝采纳大臣的建议，进行削藩。燕王朱棣以"清君侧"为名，起兵"靖难"（平定祸乱）。

朱棣在不到一个月的时间里，迅速占领了北平（今北京）及周围地区。随后又进攻大宁，与宁王朱权联合，实力大增。

建文帝先后派老将耿炳文率30万大军和李景隆率60万大军北伐讨逆，在真定、河间、济南、东昌等地与燕军激战，但都大败而归。燕军虽然屡战屡胜，但所占城池离去后就被明军占领。这时南京宫中一些因不法而被黜的宦官投奔燕王，告以京师空虚。朱棣遂率军渡过黄河，在灵璧（今属安徽）大败明军。燕军绕过坚城，从瓜州渡江，直逼京师。李景隆开城迎降，宫中起火，建文帝下落不明。朱棣即位，是为明成祖。

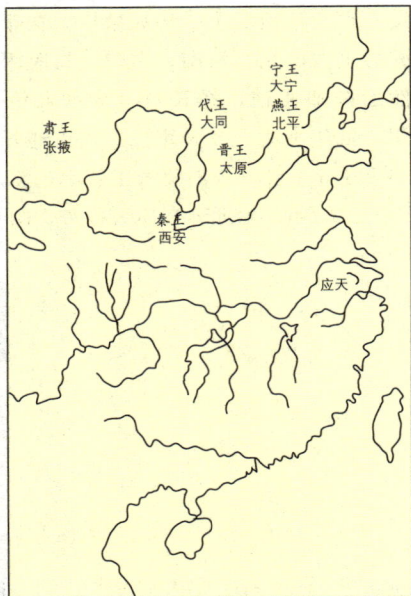
明初分封诸王图

明成祖
远征漠北

时　　间：1410～1424年	
地　　点：漠北（今蒙古高原大沙漠以北地区）	
交战双方：明朝、蒙古	
双方将帅：朱棣、木里雅失、阿鲁台	
结　　果：明朝胜利	

大明天子之宝 皇权的象征

元顺帝北逃后不久，蒙古族分裂成瓦剌和鞑靼两部。瓦剌和鞑靼经常南下侵扰明朝，严重威胁明朝西部和北部的安全。于是，明成祖先后五次亲征，深入漠北，攻打瓦剌和鞑靼。

永乐八年(1410年)，成祖亲率大军北征鞑靼。在斡难河击败鞑靼首领木里雅失，鞑靼称臣，明军胜利还师。永乐十二年(1414年)，成祖第二次亲征，重创瓦剌军。永乐二十年(1422年)，因鞑靼首领阿鲁台扰边，成祖第三次北征。阿鲁台远逃，成祖大败阿鲁台之羽翼兀良哈部，班师而回。永乐二十一年(1423年)，阿鲁台再次扰边，成祖第四次亲征。阿鲁台部众阿失帖木儿和鞑靼王子也先土干率部众归降。永乐二十二年(1424年)，阿鲁台侵犯大同，成祖第五次亲征。阿鲁台远遁，成祖遂下令班师。班师途中病死于榆木川(今内蒙古多伦西北)。

明成祖五次亲征，有力地打击了蒙古对明朝的侵扰和破坏。

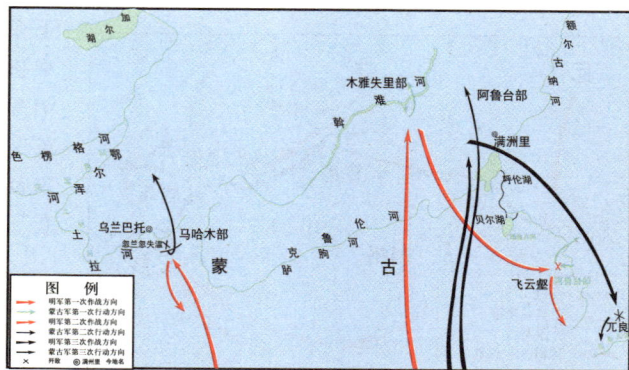

明成祖远征漠北之战示意图

土木堡之变

| 时　间：1449年 |
| 地　点：土木堡（今河北怀来） |
| 交战双方：明朝；瓦剌 |
| 双方将帅：明英宗、王振；也先 |
| 结　果：明朝失败 |

明英宗朱祁镇像

明英宗正统年间，瓦剌统一蒙古各部，不断袭扰明朝边境。执掌明朝军政大权的宦官王振不仅不采取防御措施，反而贩卖武器给瓦剌。

正统四年（1449年），瓦剌首领也先大举进攻明朝，企图恢复"大元一统天下"的局面。

明英宗在王振的怂恿下，率50万大军御驾亲征。明军进至山西大同时，传来前线战败消息，王振惊恐万分，立即班师。为了炫耀威风，王振决定让明英宗经过其家乡蔚州（今河北蔚县）。后又恐大军踏坏他田园的庄稼，改经宣化回京。

也先得知明军南撤后，立即率军跟踪追击，在土木堡将明军团团包围。土木堡地高缺水，瓦剌军又切断水源，明军饥渴难耐。次日，瓦剌军佯退，王振下令拔营就水，瓦剌骑兵乘机发向明军发起进攻。明军死伤大半，王振被英宗的护卫将军怒杀，英宗被俘，史称"土木堡之变"。

土木堡之变是明朝由盛转衰的转折点。

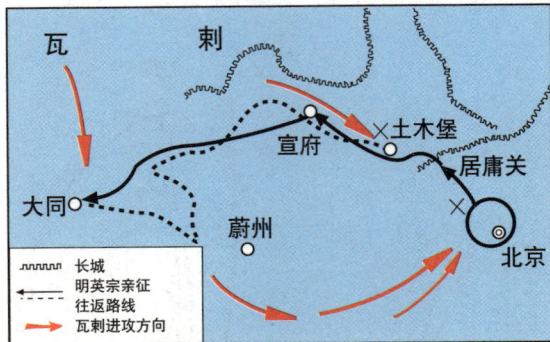

土木堡之役示意图

北京保卫战

时　　间：1449年
地　　点：北京
交战双方：明朝；瓦剌
双方将帅：于谦；也先
结　　果：明朝胜利

　　土木堡战败的消息传来，朝野震惊。兵部尚书于谦等人立英宗弟朱祁钰为帝，是为明代宗。

　　于谦采取了一系列的措施加强战备：诛杀王振余党以平众怒；调集各地的军队入京，并招募民军，加强北京的防守力量；赶制兵器，向北京输送粮草。

　　也先兵分三路，挟明英宗进攻北京。于谦令诸将率大军在城门外列阵迎敌，而自己则率军于德胜门外迎战瓦剌主力。瓦剌军进攻德胜门，于谦在城外民房内埋伏大量精兵，然后派少数骑兵诱敌。万余瓦剌骑兵紧追不舍，明军火器齐发，伏兵四起，瓦剌军大败。

　　也先又率军转攻西直门。城下明军奋勇作战，守城明军则用火器、火箭射击瓦剌军。城中居民也呐喊助威，向瓦剌军投掷砖石。其它各门的明军纷纷赶来支援，瓦剌军败退而走。

　　也先屡攻不克，明朝各地的勤王军即将赶到，于是撤军北还，明朝取得了北京保卫战的胜利。

于谦像

明正统九年铜铳
这是明朝军队配备的重型火器，从设计思路和制造工艺都借鉴了西方的先进技术。这类火器在于谦取得北京保卫战胜利中发挥了重要的作用。

倭寇的骚扰与平定

时　　间：明朝中期
地　　点：东南沿海
交战双方：明朝；倭寇
双方将帅：戚继光；倭寇
结　　果：明朝胜利

　　从元朝末年起，日本的浪人、武士、商人不断侵扰我国东南沿海。由于明朝初期国力强大，倭寇很长时间不敢侵扰明朝。

　　到了明中期嘉靖年间，由于政治腐败，海防废弛，倭寇勾结明朝的奸商、海盗，在东南沿海一带杀人越货，无恶不作。

　　明将戚继光看到海防卫所的明军毫无战斗力，遂招募剽悍的金华、义乌的农民和矿工组成新军，练成了一支纪律严明、屡战屡胜的精兵，人称"戚家军"。

　　1561年，倭寇进犯浙江台州，戚继光率军进剿，"五战五胜，共斩首三百八级，生擒巨酋二，俘其漂溺无算"。戚继光又在上峰岭伏击倭寇，"三战三捷，计斩首三百四十四级，生擒五酋"。经过一个月的战斗，剿灭了浙江的倭寇。

　　接着戚继光率军进入福建，利用退潮之机，渡过泥泞的海滩，向倭寇老巢横屿发起强攻，全歼倭寇。

　　1566年，经过戚继光等人的艰苦战斗，为害东南沿海多年的倭患终于平息。

抗倭图卷（局部）
此图卷描绘了倭寇船侵入浙江沿海，登陆、探察地形、掠夺放火，百姓避难，明军出战、获胜的全过程。这一部分反映的是明军与倭寇激战的情况。

明援朝
抗倭之战

时　　间：	1592～1598年
地　　点：	朝鲜半岛
交战双方：	明朝和朝鲜；日本
双方将帅：	陈璘、邓子龙、李舜臣；小西行长
结　　果：	明朝联军获胜

16世纪末，丰臣秀吉统一了日本。丰臣秀吉野心勃勃，妄图征服朝鲜，继而占领中国，迁都北京。

1592年，丰臣秀吉派小西行长率20万大军在釜山登陆，很快占领了王京（汉城）、平壤，朝鲜人民陷于水火之中。朝鲜国王逃到义州，向明朝告急。

明朝派总兵官李如松率3万人出兵援朝，先后收复平壤、开城。明军焚毁日军的粮仓，日军退据釜山，一面遣使乞和，一面筑城挖壕，妄图卷土重来。

在与日本议和后，明军退出朝鲜。

1597年，日本再次进犯朝鲜。明军派陈璘、邓子龙率水陆大军再次大举援朝。日军屡战屡败，丰臣秀吉抑郁而死，临死前下令日军撤退。明将陈璘、邓子龙连同朝鲜统制李舜臣率中朝水军在釜山南海大破逃窜的日军，焚毁日军战船500艘，歼敌无数。邓子龙、李舜臣在战斗中壮烈牺牲。

经过7年的浴血奋战，援朝抗倭战争终于胜利结束。

龟船模型
朝鲜名将李舜臣改制，可四面发射大炮，防护力、机动性较强，中朝军队在露梁海战中，曾以此种船参战，打败了日军。

釜山战斗图

萨尔浒之战

时　　间：1619年
地　　点：萨尔浒（今辽宁抚顺东）
交战双方：明朝；后金
双方将帅：杨镐；努尔哈赤
结　　果：后金胜利

　　1616年，努尔哈赤在赫图阿拉（今辽宁新宾老城）称汗，建立后金。1618年，努尔哈赤以"七大恨"告天，正式起兵反明。

　　消息传来，明朝朝野震惊。明朝以杨镐为辽东经略，统兵10万，联合朝鲜、女真叶赫部，进剿后金。

　　杨镐制定了分兵四路，合击赫图阿拉作战方案。派杜松率明军主力，从西进攻；马林和叶赫兵从北进攻；李如柏从南面进攻；刘廷和朝鲜兵从东南进攻；杨镐坐镇沈阳指挥。

　　努尔哈赤则采取了"凭尔几路来，我只一路去"的对策。他先集中兵力，在萨尔浒进攻孤军冒进的明军主力杜松军，杜松阵亡，全军覆没。马林听到杜松全军覆没的消息后，扎营固守，努尔哈赤率军两面夹击，击败马林军。接着又伏击刘廷军，刘廷阵亡，全军覆没。

　　杨镐听到三路大军失败的消息后，急令李如柏撤军。

　　萨尔浒之战，以后金的胜利告终。

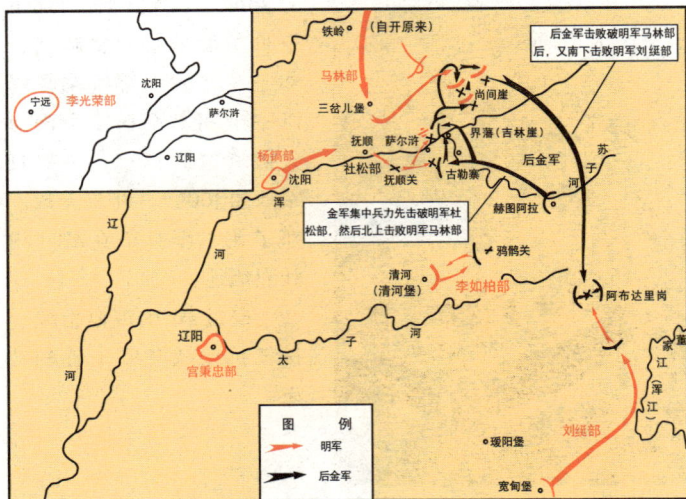

萨尔浒之战示意图

宁远之战

时　　间：1626年
地　　点：宁远（今辽宁兴城）
交战双方：明；后金
双方将帅：袁崇焕；努尔哈赤
结　　果：明军胜利

宁远城遗址
1626年，努尔哈赤亲率13万大军，号称20万，围攻明关外要塞宁远城（今辽宁省兴城市），遇到明将袁崇焕抗击，久攻不下，背发痈疽而死。

　　萨尔浒之战后，明朝在辽东的兵力大损，加上内讧不断，努尔哈赤趁机不断进攻明朝，占领了辽东大部分地区。

　　1626年，努尔哈赤率大军进犯辽河以西，明辽东经略高第怯弱无能，认为关外不可守，命令辽东各城明军拆除防御设施，逃入山海关。宁远守将袁崇焕抗令不从，坚守不撤。

　　袁崇焕坚壁清野，派大将分守城门，并在城上架设从葡萄牙购买的11门红夷大炮，誓与宁远共存亡。

　　努尔哈赤率军6万包围宁远。明朝宁远城守将袁崇焕严词拒绝努尔哈赤的招降，后金军开始攻城。宁远军民依托坚城，浴血奋战。后金军以盾牌和板车掩护，凿挖城墙，明军红夷大炮猛烈轰击后金军，后金军血肉横飞，尸积如山，伤亡惨重，努尔哈赤也被炮火击伤，被迫撤军。不久，努尔哈赤因伤而死。

　　此战，明军杀伤后金军1.7万人，是明朝对后金作战的一次重大胜利。

努尔哈赤曾用过的宝刀

松锦之战

时　　间：	1640~1641年
地　　点：	松山（今锦州南）、锦州（今辽宁锦州）
交战双方：	明；清
双方将帅：	祖大寿、洪承畴；皇太极
结　　果：	明朝失败

崇祯皇帝御押

努尔哈赤死后，他的儿子皇太极即汗位。1636年，皇太极称帝，国号清。

明朝在关外只剩下锦州、宁远的少数城池，清军为了拔除入关的最后障碍，率大军攻打锦州。锦州守将祖大寿率领军民顽强抵抗，清军深挖长壕，准备长期围困。

明崇祯帝派洪承畴率13万大军前来救援。洪承畴深谙军事，采取步步为营，稳扎稳打的战术，一再击败清军的进攻。

崇祯帝、兵部尚书陈新甲急于求胜，令洪承畴速解锦州之围。洪承畴被逼无奈，只好将粮草留在杏山和松山（今锦州城南）之间的笔架山，率6万人进军松山。皇太极率清军主力切断了明军粮道，吴三桂等率军逃跑，遭清军伏击，伤亡惨重。洪承畴退守松山城，被清军包围。松山副将夏成德降清，洪承畴被俘后投降。祖大寿见大势已去，开城降清。

此战后，关外全部被清占领，明军元气大伤，再也无力与清军对抗。

将官胄甲穿戴展示图

明朝的新式铠甲主要有锁子甲和布面甲两种。锁子甲是用小铁环编成，布面甲是将棉花压实，嵌入铁片，然后在上面缀铜钉固定。这两种铠甲都非常轻便，并能有效地抵御火铳的攻击。

明末农民起义

时　　间：明朝末年
交战双方：明朝，起义军
双方将帅：洪承畴；李自成、张献忠
结　　果：明朝灭亡

　　明朝末年，社会各阶层矛盾激化，陕西澄城王二率众起义，揭开了明末农民起义的序幕。各地纷纷响应，出现了高迎祥、李自成、张献忠等几十支起义军。

　　1635年，明朝派洪承畴出陕西，朱大典出山东，两面夹攻起义军。各路起义军在河南荥阳会师，共商对敌之策。李自成提出联合作战、分兵出击的方案，获得了各路起义军领导人的支持。后高迎祥牺牲，李自成继任为"闯王"，率领起义军南征北讨，到处杀贪官污吏、开仓放粮。后来起义军遭明军埋伏，损失惨重，李自成率残部退入商洛山。张献忠也被迫接受招安。

　　后来李自成趁河南大旱再次起兵，提出了"均田免粮"的口号，一时间起义军发展到几十万人。 1644年，李自成在西安称帝，国号大顺，年号永昌。张献忠也在成都称帝，国号大西，年号大顺。

　　随后，李自成率军攻入北京，崇祯皇帝自缢，明朝灭亡。

明末农民军进军路线图

山海关之战

时　　间：1644年
地　　点：山海关
交战双方：清；大顺
双方将帅：多尔衮、吴三桂；李自成
结　　果：大顺军失败

李自成像

吴三桂像
吴三桂（1612～1678年），辽东人，武举出身，以父荫袭职军官。明末任辽东总兵。明亡后，因父、妾为农民军所掳，拒降"大顺"政权，在山海关固守，后与关外清军勾结，击败李自成，清初，被封为平西王，康熙时，因反对削藩，起兵叛乱，不久病死。

李自成攻占北京，灭明朝后，逐渐骄傲自满，腐化堕落。

山海关总兵吴三桂在归降途中听说父亲被捕，小妾被夺，立刻返回山海关。

李自成亲率10万大军征讨吴三桂，吴三桂自知不敌，遂乞清兵抵御大顺军。多尔衮立即率清兵，星夜驰援，赶到山海关下。

大顺军突破吴三桂军防线，开始进攻山海关，吴三桂渐渐不敌，可驻扎在山海关下的清军却按兵不动，坐观其变。吴三桂无奈，亲自到清军大营求援，以剃发降清为条件换取清军出兵。

李自成将10万大顺军，一字排开。多尔衮令吴三桂为前锋，进攻大顺军。吴三桂率军冲锋，与大顺军血战，结果陷入重围之中。

大顺军连续作战，阵势渐乱。多尔衮见状，指挥清军全面进攻，吴军也趁机反扑，战局急转直下。大顺军拼死苦战，伤亡惨重，全线崩溃。李自成逃回北京，大顺军从此一蹶不振。

徐 达

徐达（1332～1385年），字天德，濠州钟离永丰乡（今安徽凤阳东北）人，明朝名将，明成祖朱棣岳父。

徐达出身贫寒。元至正十三年（1353年），参加朱元璋起义军，与常遇春同称才勇。十五年，随朱元璋渡长江，攻采石，克集庆（今南京）。在鄱阳湖之战中，身先士卒，冲锋陷阵，击败陈友谅军，封左相国。1367年，率军东征，攻克平江，俘获张士诚及其将士25万，封信国公。同年十月，拜征虏大将军，与常遇春率军25万北伐，先取山东，再攻河南，然后挥军攻克大都(今北京)，改名北平。元顺帝北逃大漠，元亡。

明朝建立后，为了防止元残余势力卷土重来，徐达在北平等地练兵，筑城，备边，总领北方军事。期间，徐达主持重修了居庸关，后又修筑了山海关，并多次率军进攻北元。

徐达像

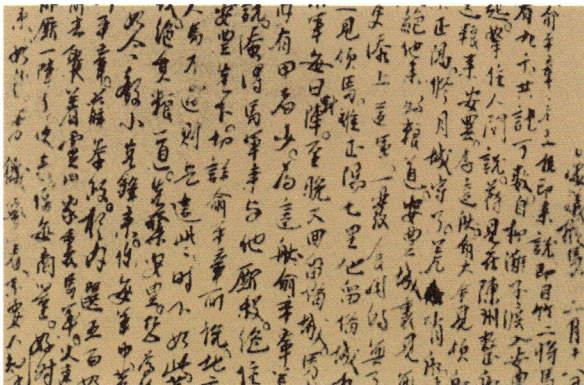

徐达长于谋略，治军严整，战功显赫，名列功臣第一。1385年病卒，追封中山王，谥"武宁"。

朱元璋给徐达的军令

常遇春

常遇春(1330～1369年)，字伯仁，安徽怀远人，回族，明朝名将。

起初追随刘聚起兵反元。元至正十五年(1355年)，在合阳归附朱元璋后，渡长江，攻集庆（今南京），屡立战功，封为中翼大元帅。在池州(今安徽贵池)之战中，设伏大败陈友谅军。在鄱阳湖之战中，他奋勇当先，救出被陈友谅军围困的朱元璋，后率军封锁湖口，联同诸将，打败陈友谅军。二十五年十月，任副将军与徐达率军进攻张士诚，俘张士诚及其将士25万，封鄂国公。十月，又任副将军与徐达率军25万北伐。次年八月，攻克大都（今北京），灭亡元朝。

常遇春像

明洪武二年(1369年)，率军进攻北元，攻克元上都（今内蒙古正蓝旗东北），追元顺帝北逃。七月，回师途中暴病而卒，年仅40岁，追封中书右丞相，开平王，谥"忠武"。

常遇春英勇善战，未尝一败，自称能率10万大军横行天下，因此军中称其为"常十万"。

竹节铁火炮 明
这门火炮管上铸有几道铁箍，防止铁炮管炸裂，具有明早期火炮的特征。

张居正整饬边防

明朝中期，蒙古势力复起，不断南下掳掠。

面对日益严重的边患，首辅张居正积极进行军事改革，大力整饬边防。首先，他推举优秀的将领镇守边关，授予将领"专断"之权，摆脱了监察官员的掣肘，以利练兵。其次，加强练兵。戚继光从当年浙江"戚家军"中招募3000人，作为示范进行练兵。他还建立车营，与骑兵、步兵进行混合训练，练习协同作战的本领。此外，还配备了火铳等先进的火器。再次，大力修筑长城。东到山海关西到镇边（今北京昌平），增筑了1000座空心敌台，并加高加厚长城的城墙。从此，北方边防的战守能力大大提高。

张居正像

与此同时，张居正还积极改善与蒙古的关系。1570年，鞑靼内讧，俺达之孙投奔明朝，张居正派人护送回蒙古。俺达上表称谢，并请求"通贡互市"，明朝许可，封俺达为顺义王，从此结束了明朝与蒙古的战争。

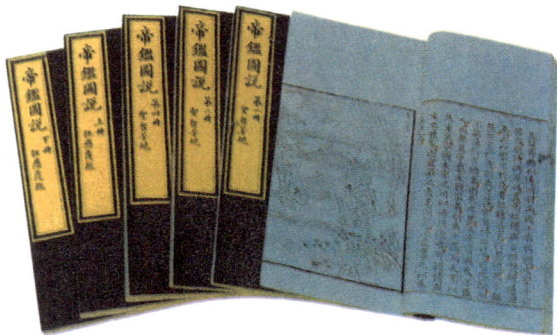

张居正为皇帝编著的《帝鉴图说》

戚继光

戚继光像

戚继光（1528～1587年）明朝抗倭名将，民族英雄。字元敬，号南塘，山东蓬莱人，出身将门，17岁袭父职任登州卫指挥金事。

1555年，戚继光调入浙江抗倭。戚继光招募以强悍著称的义乌、金华的农民和矿工为兵，经过训练，这支军队纪律严明，作战勇敢，被称为"戚家军"。

1561年，戚继光率领"戚家军"在台州九战九捷，剿灭来犯的倭寇。接着乘胜出击，平定了浙江的倭患。1562年，戚继光奉命调入福建剿倭，在福建巡抚谭纶的配合下，全歼福建的倭寇。1565年，戚继光与另一位抗倭名将俞大猷继续剿倭，终于肃清了长期侵扰我国东南沿海的倭寇。1568年，戚继光奉命北调，节制蓟州、昌平、辽东、保定四镇。他整顿营伍，修建边墙、台堡，击退蒙古的多次骚扰，保卫了明朝北部边疆的安全。

戚继光著有兵书《纪效新书》、《练兵实纪》和诗文集《止止堂集》等。

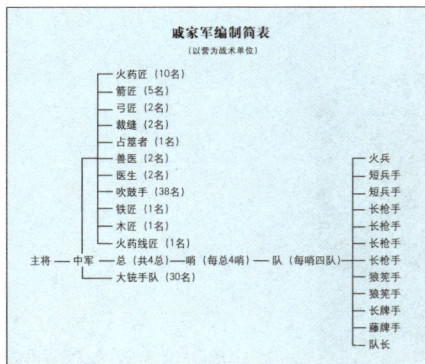

戚家军编制简表

戚家军编制简表
（以营为战术单位）

火药匠（10名）
箭匠（5名）
弓匠（2名）
裁缝（2名）
占筮者（1名）
善医（2名）
医生（2名）
吹鼓手（38名）
铁匠（1名）
木匠（1名）
火药线匠（1名）
主将——中军——总（共4总）——哨（每总4哨）——队（每哨四队）
大铳手队（30名）

火兵
短兵手
短兵手
长枪手
长枪手
长枪手
长枪手
狼筅手
狼筅手
长牌手
藤牌手
队长

努尔哈赤创八旗

明朝后期，建州女真首领努尔哈赤统一女真各部后，创建了八旗制度，分别是：黄、红、蓝、白、镶黄、镶红、镶蓝和镶白八旗。八旗制度规定每300人设一牛录额真，每五牛录设一甲喇额真，每五甲喇设为一固山，由固山额真统管，每固山额真左右设两梅勒额真，一固山就是一旗，固山贝勒是旗的所有者和最高管理者，也称旗主。八旗的最高统帅是努尔哈赤，他自领正黄旗和镶黄旗，其余六旗由他的子侄分领。

努尔哈赤像

八旗制度是女真兵农合一、军政合一的社会组织。旗人"出则为兵，入则为民，耕战二事，未尝偏废"，各旗主既是旗民的民政长官，又是军事首领，为女真贵族。

八旗制度对于清代历史、满族的发展，起过极其重要的作用。八旗制度以八旗为纽带，将全社会的军事、政治、经济、行政、司法和宗族联结成为一个组织严密、生气蓬勃的社会机体。

八旗军服

八旗军服以颜色作区别，但只为大阅礼时穿着，平时不用。起初各旗是地位平等的，入关之后才有皇帝自领上三旗的做法。正黄旗、镶黄旗、正白旗被称为上三旗，其余五旗为下五旗。上三旗比下五旗尊贵。

袁崇焕

袁崇焕像

袁崇焕（1584～1630年）字元素，号自如，广东东莞人，明末名将。曾任兵部尚书、右副督御史、蓟辽督师等。

1618年，女真首领努尔哈赤誓师反明，攻占了明朝辽东的大片土地。

1625年，辽东经略高第下令辽东的明军全部撤入山海关，袁崇焕抗命不从，决心坚守宁远（今辽宁兴城）。努尔哈赤率军直抵宁远城下。袁崇焕断然拒绝了努尔哈赤的招降，率军死守。后金军轮番攻城，明军用购自葡萄牙的红夷大炮轰击，后金军死伤惨重，连努尔哈赤也受重伤，撤军后不久病死，宁远大捷是明与后金开战以来首次胜利。

崇祯二年（1629年），皇太极绕开袁崇焕在辽西的防线进攻北京。袁崇焕闻讯后率部星夜驰援京师，取得广渠门、左安门大捷，解京师之危。

后崇祯帝中了皇太极的反间计，将袁崇焕逮捕下狱。崇祯三年（1630年），袁崇焕在北京被凌迟处死。

调兵信牌

木质，长20.3厘米，宽31.2厘米，厚2.6厘米。为皇太极统一东北各部时使用的调兵信牌，牌中间汉字为"宽温仁圣皇帝信牌"。

多尔衮

爱新觉罗·多尔衮(1612～1650年)，努尔哈赤第十四子，皇太极之弟。1626年封贝勒，后因战功封睿亲王。

1628年初次从征，随皇太极征察哈尔多罗特部，俘众万余，赐号墨尔根代青（满语"聪明"之意）。此后，又屡次攻明。1640年至1642年，助皇太极取得松锦之战的胜利，歼灭明军13万。深受皇太极的器重，成为清军主要将领。1643年，皇太极暴死，多尔衮拥立年仅六岁的福临为帝（即顺治），独揽大权。

1644年，李自成攻入北京，明朝灭亡。多尔衮趁机率军南下，与吴三桂一起击败李自成，并迁都北京，开始了清朝在全国的统治。

清军入关之后，多尔衮追击李自成，命豪格攻张献忠，消灭了农民起义军。1645年，多尔衮派兵下江南，相继消灭了南明各政权，占领了全国大部，为清朝建立全国政权打下基础。

多尔衮曾颁布《大清律》，通行全国，晋封皇父摄政王。后打猎坠马而死。

多尔衮像

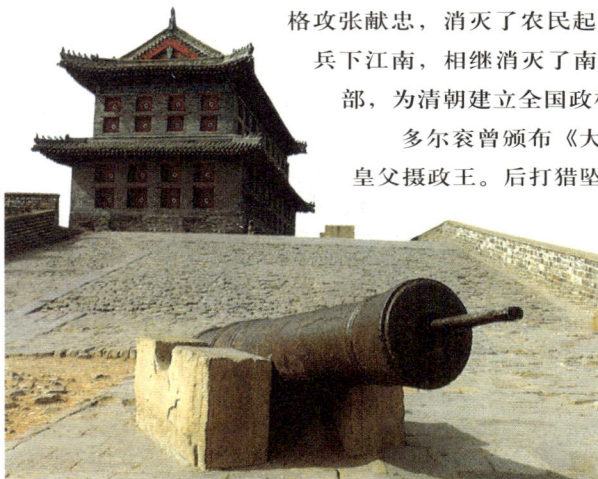

山海关镇炮 清

山海关依山临海，地势险要。1644年4月，多尔衮在吴三桂的接应下进入山海关，并一起击败李自成，开始了清朝在全国的统治。

《纪效新书》
和《练兵实纪》

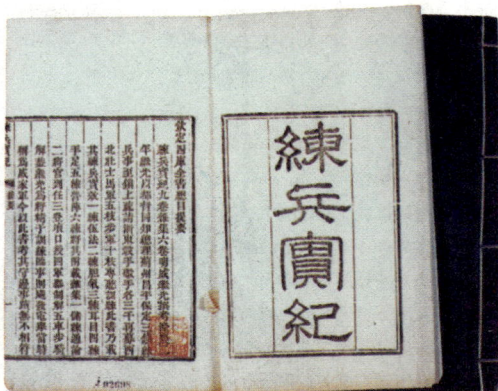

《练兵实纪》书影（清刻本）

《纪效新书》和《练兵实纪》是戚继光所著。戚继光，字元敬，号南塘，山东蓬莱人，将门出身。戚继光曾率兵抗击倭寇，后又来到北方抵御蒙古。

《纪效新书》完成于嘉靖三十九年（1560年），全书总叙一卷，正义18卷，约8万字，250幅图，是戚继光在抗倭战争中练兵的经验总结。

在书中，戚继光提出了自己的军事训练思想：一、"武艺不是答应官府的公事，是你来当兵防身立功、杀贼救命本身上贴骨的勾当"，强调士兵军事训练的自觉性。二、将领要带头参加军事训练。三、要按实战要求进行训练。四、要注意训练方法。

《练兵实纪》完成于隆庆五年（1571年），全书正文9卷，杂集6卷，图60幅，是戚继光抵御蒙古的经验总结，进一步发展了《纪效新书》的军事思想。

在军事训练方面，戚继光总结归纳为练兵、练将、练气和因材施教四点。

《纪效新书》和《练兵实纪》一向受到后世兵家的重视。

《纪效新书》书影（清刻本）

山海关

山海关
昔日的震天杀伐已为今日的升平祥和所取代。

山海关，位于今河北省秦皇岛市东北，为冀、辽的咽喉要地。

隋开皇三年（583年）筑关，唐以后废。明洪武十四年（1381年），中山王徐达在此筑城，因其北倚燕山，南临渤海，故名山海关。关城雄踞山海狭口之间，周长约4公里，有东、西、南、北四门。东、西门外有罗城拱卫，罗城以外有烽火台。关城南北两侧有翼城，外有护城河。东门悬有"天下第一关"匾额。

万历七年（1579年），名将戚继光于南海口增筑长城，犹如龙头伸入大海，俗称"老龙头"。明末，又建宁海城，使山海关防御体系更加完善。

崇祯二年至十一年（1629～1638年），清军曾从喜峰口、古北口等处多次进入中原掳掠，皆因山海关有明军坚守，恐袭其后而退兵。

崇祯十七年，李自成率起义军攻占北京后进军山海关，明辽东总兵吴三桂引清兵入关，大败李自成。

清人称山海关为"两京锁钥无双地，万里长城第一关"。

明代长城东端终点——山海关城楼

大铁炮

明朝建立后，除大量生产铜火铳外，还开始铸造铁炮。现藏于山西省博物馆的明洪武十年(1377年)造的3门大铁炮（明初时较大型的铳已开始被称为炮），其口径、长度和重量都大大超过元代的火铳，身管也成直筒形。

明军大量装备火铳。在各地的卫所驻军中，有10%的明军装备火铳，还规定水军每艘海运船装备碗口铳4门。明成祖还组建了专门的枪炮部队——神机营。在明成祖亲征漠北时，神机营配合步兵、骑兵作战，大败蒙古。明代的城关和要隘，都配有火铳。明成祖下令在北京北部的开平、宣府、大同等处隘口，架设火铳。嘉靖年间，长城沿边要地，几乎都构筑了安置盏口铳和碗口铳的防御设施。

火铳的大量使用，标志着火器的威力已发展到一个较高的水平。但它还存在着装填费时，发射速度慢，射击不准确等明显的缺陷，在整个军队的装备中，冷兵器还占主要地位。

三眼铁火铳 明
此铳为多管铳，主要用于攻守城池和水战。

明代神威大将军铁炮
为直筒形，炮身铸有多道环箍，增加了火炮的强度。

卫所制与营伍制

　　明朝军队的编制是卫所制。明朝的军卫法规定，一郡设所，数郡设卫，每卫5600人，每千户所1120人。每百户所112人，每百户所辖2个总旗，每个总旗辖5个小旗，每小旗10人。士卒分别由卫指挥使、千户指挥使、百户指挥使、总旗指挥使、小旗指挥使率领，卫所实行世兵制，士卒和军官全部世袭。卫所都有固定的驻地，卫所官兵隶属于所在地的都指挥使司，再隶属于五军都督府。

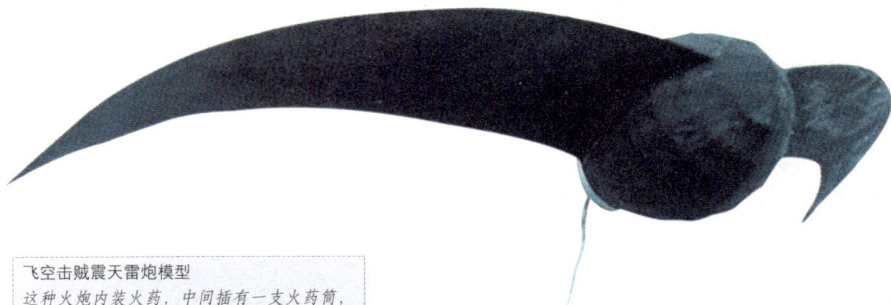

　　明朝中叶以后，由于边境战争频繁，兵员不足，开始大规模募兵。因此，在卫所制之外，又出现了营伍制这一新的军事组织形式。募兵实行独立的编制，按照伍、什、队、哨、总、营的形式进行编制，由伍长、什长、队长、哨官、把总、守备、都司、游击、参将、副总兵、总兵统领，隶属于兵部。营伍的人数不定，也无固定驻地，战时应募入伍，战毕归家。

飞空击贼震天雷炮模型
这种火炮内装火药，中间插有一支火药筒，点燃火药筒推动雷体飞向目标。

军饷与屯田

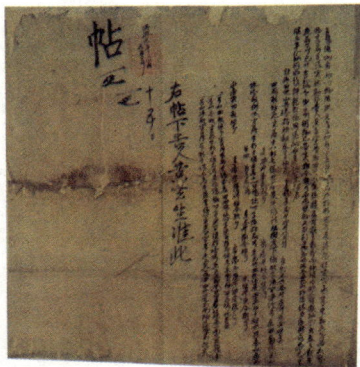

直隶开垦事帖 明

明初，政府除了大力推行军屯和商屯，还大力鼓励农民开荒。图为明初发给直隶徽州府祁门县农民黄立生开垦荒地的产业凭证。帖中明确规定所开垦荒地"求为己业，俟三年后将该科税粮依期送纳，毋违。"

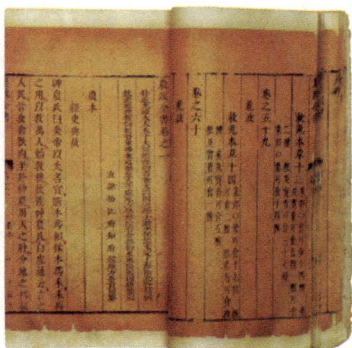

《农政全书》 徐光启著

这是明代也是中国历史上一部重要的农学著作。它的出现，与明代重视农业生产的社会环境密不可分。

明朝的军饷主要有四个来源：屯粮、盐引、民运和京运。

屯粮是指军屯的士卒缴纳的税款粮食；盐引是指用盐引换取的商屯粮；民运是指从民田上征收的税款粮食；京运是指由户部太仓库拨发的饷银。

明朝前期的军饷主要是由屯粮和盐引来解决，因此明政府大规模推行军屯和商屯。卫所的士卒，内地三分守城，七分屯种；边地七分守城，三分屯种。由于边地卫所路途遥远，运费很高，明政府大力提倡商屯。所谓商屯就是朝廷利用对食盐专卖权，诱使商人到边地出资募民屯田，将收获的粮食充作军饷，然后领取政府的"盐引"，再贩卖获利。

明朝中后期，由于官僚将帅大量侵吞卫所的屯田，军屯逐渐遭到破坏。明政府又令商人纳银代粮，商屯也逐渐废弛。再加上土地兼并严重，农民大量逃亡，政府从民田上征收的赋税逐渐减少。所以军饷的开支只得依赖国库。

佛郎机铳和鸟铳

    "佛郎机"是明朝人对葡萄牙人和西班牙人的称呼。 1512年，明军缴获三艘侵扰沿海的葡萄牙舰船，得到了佛郎机铳。佛郎机铳比明军原有的火铳具有填装方便、射速快、射程远、命中率高等特点，于是明军大量仿制。佛郎机铳分大中小三种样式，大铳装备舰船和防守城池，中铳随军野战，小铳则是单兵武器。据《大明会典》记载，共造佛郎机铳5800门。

    明军在嘉靖年间从倭寇手中缴获了欧洲火绳枪， 因其"飞鸟之在林，皆可射落" 而得名鸟铳， 又因其所安装的弯形枪托形似鸟喙而被称为"鸟嘴铳"，这种枪与明军原有的手持火铳相比，具有枪身长、射程远、口径小、装有瞄准器、不易摇晃等优点。明军大量仿制并不断改进，仅1558年就造了1万把。

《天工开物》中的放鸟铳图
《天工开物》 是明代科学家宋应星所著的一部科学技术著作。

    佛郎机和鸟铳传入和仿制后，很快取代了明军原有的火器，并大量装备明军，在明末的战争中发挥了巨大的作用。

铁佛郎机 明

郑成功
收复台湾

时　　间：	1661～1662年
交战双方：	郑军；荷兰军
双方将帅：	郑成功；揆一
结　　果：	收复台湾

明朝末年，政治腐败，海防废弛。荷兰殖民于1624年侵占台湾，先后在安平建台湾城，在台南建赤嵌城。

在大陆抗清的郑成功欲取台湾作为反清基地，于1661年率大军2.5万人，分乘大小战船数百艘，在原荷兰翻译何廷斌带领下，自金门出发，横渡台湾海峡。

郑成功派4000人抢占鹿耳门港（今台南安平港北）南侧的北线尾岛；自率主力万人在台湾本岛登陆，包围

郑成功雕像

赤嵌城，多次粉碎荷兰驻台总督揆一的反扑。荷军千人凭坚城利炮负隅顽抗，郑成功遂改攻城为长期围困，并先后两次击败荷兰殖民者从巴达维亚（今爪哇）派来的援军。最终迫使揆一于1662年在投降书上签字，被荷兰霸占近四十年的宝岛台湾又回到祖国的怀抱。

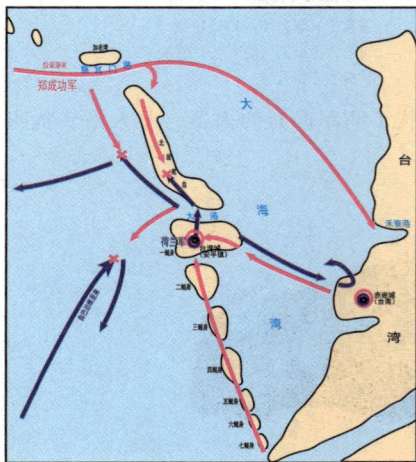

郑成功收复台湾后，设置府县，开办学校，发展文化，又招大陆居民到台垦荒屯田，教授高山族先进的生产技术，使台湾的经济文化得到迅速的发展。

郑成功收复台湾要图

明末的抗清斗争

时　　间：1644～1664年
地　　点：南方地区
交战双方：清朝；南明和起义军
双方将帅：吴三桂、尼堪、永历帝、李定国
结　　果：南明和起义军失败

　　崇祯皇帝自缢后，南方的明朝官僚相继拥立明宗室建立了弘光、隆武、永历等政权，史称南明。

　　吴三桂引清兵入关，击败农民起义军，李自成、张献忠相继战死。

　　南京的弘光政权自从建立就党争不断，内部腐败不堪。1645年，清军南下，史可法在扬州殉城。清军攻入南京，弘光政权灭亡，次年弘光帝朱由崧被杀。

　　唐王朱聿键在福州建立隆武政权。清军再度南下，隆武帝被俘杀，隆武政权灭亡。

　　桂王朱由榔在肇庆（今广东肇庆）建立永历政权，大顺军和大西军余部决定与永历政权"联明抗清"。

　　大西军将领李定国率军进攻湖南，先后击杀清朝定南王孔有德和敬谨亲王尼堪，"两蹶名王，天下震动"，全国出现了抗清高潮。但由于孙可望的叛变，导致抗清力量大为削弱。

　　1661年，吴三桂带领清兵进攻云南，永历帝逃往缅甸，后被押到昆明绞死。李定国也忧愤而死。

《吴三桂擒桂王由榔论》书影

平定三藩之乱

时　　间：1673～1681年
地　　点：江南地区
交战双方：清朝；三藩
双方将帅：康熙；吴三桂
结　　果：平定三藩之乱

　　清朝初年，封明降将吴三桂为平西王，尚可喜为平南王，耿仲明为靖南王，三个藩王权力很大，形成尾大不掉的局面。康熙即位后，下诏撤藩。

　　1673年，吴三桂率先举兵叛乱，以反清复明为号召，自称"总统天下水陆大元帅、兴明讨虏大将军"，攻陷湖南、四川。靖南王耿精忠（耿仲明之孙）、平南王尚之信（尚可喜之子）先后响应。

　　康熙帝集中主力南征吴三桂，同时停撤平南、靖南二藩。战场形势开始有利于清军，耿精忠、尚之信先后降清。吴三桂在占领湖南后，消极防御，坐失战机，而清军则调集兵力集中进攻吴三桂。吴三桂在衡州（今湖南衡阳）称帝，国号"大周"，改元"昭武"。不久，吴三桂病死，其孙吴世璠继承帝位。清军乘机大举进攻，相继收复湖南、贵州、广西、四川等省。1681年，清军攻陷昆明，吴世璠绝望自杀。三藩之乱的平定，有利于国家的统一。

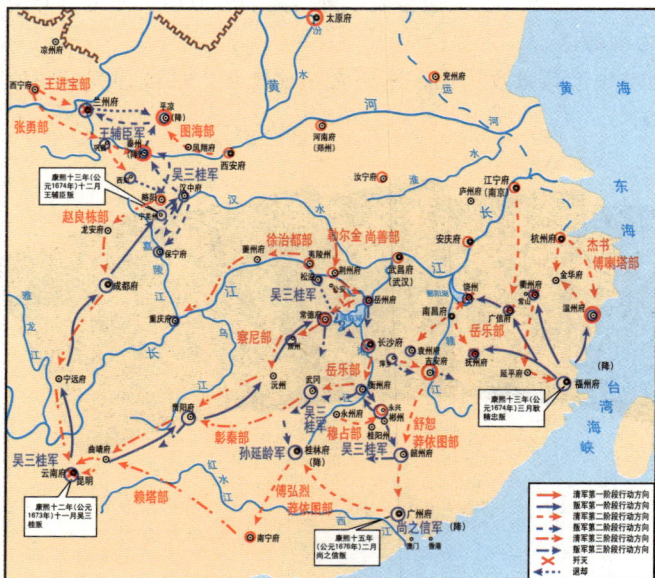

平定三藩叛乱要图

清统一
台湾之战

时　　间：1683年
地　　点：澎湖列岛
交战双方：清；郑军
双方将帅：施琅；刘国轩
结　　果：清军胜利

郑成功于收复台湾的次年去世，其子郑经嗣立。清朝屡次招抚，均被郑经拒绝。后郑经病死，郑经子郑克塽嗣立。

这时清朝的政策已由招抚变为进剿。1683年，康熙命郑成功的降将施琅率水军2万人，战船230余艘，进军澎湖。

郑军大将刘国轩率军2万，战船200艘，防守澎湖。由于六月台风较多，不利海战，故刘国轩认为施琅只是虚张声势，所以毫无防备。

当施琅率领的清军水师突然出现在澎湖海域时，刘国轩惊惶失措，仓促迎战。施琅分派左右各50艘战船，夹击郑军；而自己则率56艘战船从中央突进，剩下的80艘战船紧跟其后。这时南风大起，清军水师扬帆直进，乘势扑向郑军。郑军拼死力战，奋勇抵抗。澎湖海面上顿时"炮火矢石交攻，有如雨点。烟焰蔽天，咫尺莫辨"，郑军死伤1.2万人，刘国轩逃回台湾。

施琅雕像

不久郑克塽献表投降，清朝统一了台湾。

巡视台湾图卷〔局部〕 清
康熙统一台湾以后，于六十一年设巡台御史，负责稽核官吏，清查积案，整军统武等重大事务。

雅克萨之战

时　　间：	1685～1686年
地　　点：	雅克萨（今俄罗斯斯沃罗丁诺）
交战双方：	清朝；沙俄
双方将帅：	萨布素；托尔布津
结　　果：	清朝胜利

　　17世纪中期，沙俄不断侵入我国东北，建立雅克萨城，并以之为据点，进行武力扩张。

　　在屡次警告俄军仍不撤离的情况下，1685年，康熙帝令黑龙江将军萨布素率领3000人，携带红衣大炮，从瑷珲出发，很快抵达雅克萨城下。清军要求俄军撤退，但遭到沙俄将领托尔布津拒绝。清军遂包围并轰击雅克萨。俄军一片惊慌，死伤惨重，被迫竖起白旗投降，撤出雅克萨，并保证不再侵犯。清军焚毁雅克萨城后撤回瑷珲。

　　托尔布津得知清军撤回的消息后，率俄军再次回到雅克萨，重新筑城。1686年，康熙令黑龙江将军萨布素率军2500人再攻雅克萨。清军在雅克萨城周围挖壕筑垒，并不断进行炮击，同时切断水源，歼敌百余名，托尔布津也重伤而死，雅克萨岌岌可危。

藤牌 清
在雅克萨之战以前，清军有针对性地建立了一支藤牌军，并在后来的战斗中发挥了一定的作用。图中所示就是藤牌军的装备。

　　沙俄政府被迫与清朝举行边界谈判，两国签订了《尼布楚条约》，从而保证了东北边疆的安宁。

雅克萨之战示意图

《中俄尼布楚条约》

雅克萨之战后，中俄双方代表经过谈判，于1669年9月7日，正式签订《中俄尼布楚条约》。条约共有6款：

一、经流入黑龙江之绰尔纳河，即鞑靼语所称乌伦穆河附近之格尔必奇河为两国之界。

二、俄人在雅克萨所建城障，应即尽行除毁。俄民之居此者，应悉带其物用，尽数迁入俄境。

三、此约订定以前的一切事情，永作罢论。

四、现在俄民之在中国或华民之在俄国者，悉听如旧。

五、自和约已定之日起，凡两国人民持有护照者，俱得过界来往，并许其贸易互市。

六、和好已定，两国永敦睦谊，自来边界一切争执永予废除，倘严守约章，争端无自而起。

《中俄尼布楚条约》从法律上明确了中俄两国东段边界，中国收复了被沙俄侵占的部分领土，制止了沙俄对黑龙江流域进一步侵略扩张，为东北边疆地区赢得了一个半世纪以上的和平与安宁。

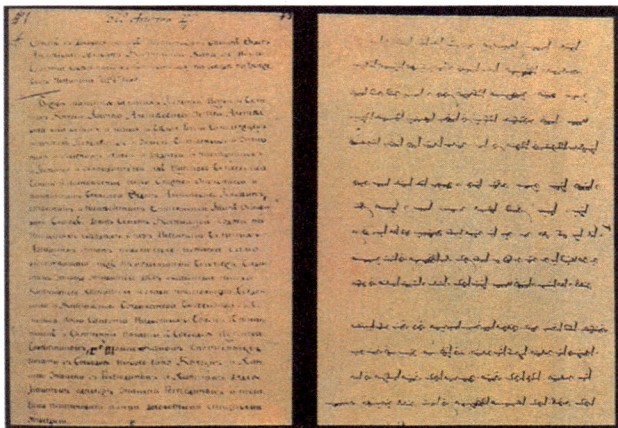

《尼布楚条约》俄文本与满文本 内页
康熙二十八年七月二十三日，中俄双方代表在尼布楚城正式签订了划定两国东部边界的《尼布楚条约》，图中即为当年签署的文本。

平定
噶尔丹叛乱

时　　间：1690～1697年
地　　点：乌兰布通、昭莫多
交战双方：清朝；蒙古准噶尔部
双方将帅：康熙帝；噶尔丹
结　　果：清军胜利

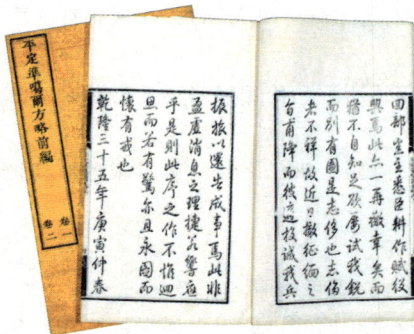

平定准噶尔方略 清

准噶尔部是漠西蒙古的一支，游牧于新疆伊犁一带。自从噶尔丹成为准噶尔汗以后，积极对外扩张，先是兼并了漠西蒙古的其它部落，后来又控制了天山南北。

1690年，噶尔丹以追击漠北喀尔喀蒙古为名，进军内蒙古，大肆掠夺。康熙帝在屡次劝说无效的情况下，率军亲征。清军两路大军，分别出古北口和喜峰口，与噶尔丹大战于乌兰布通（今内蒙古克什克腾旗境内）。噶尔丹用万余骆驼背负木箱，排列成一道"驼墙"。清军用火炮猛烈轰击，大败噶尔丹军，噶尔丹北逃。

几年后，噶尔丹东山再起，再次南下。1696年2月，康熙帝亲率10万大军，分三路大举出击。5月13日，西路军在昭莫多（今蒙古乌兰巴托以南的宗莫德）大败噶尔丹，消灭了噶尔丹所有的精锐部队，控制了漠北蒙古。

1697年2月，康熙帝再次出兵，准备彻底剿灭噶尔丹。噶尔丹众叛亲离，服毒自杀。噶尔丹叛乱平息。

乌兰布通古战场
康熙二十九年，清军与噶尔丹叛军在此激战，清军获胜，但因清军主帅福全的失策，噶尔丹逃遁。